Star
星出版

新觀點
新思維
新眼界

Star 星出版

最佳結果

哥倫比亞大學人氣專題研討課程
8項練習洞察心理，掌握溝通技巧、化解衝突

Optimal Outcomes

Free Yourself from Conflict
at Work, at Home, and in Life

珍妮佛・高曼—威茲勒 博士
Jennifer Goldman-Wetzler, PhD 著
許恬寧 譯

針對全書8項練習，作者在每章末提供英文版的線上資源可供下載使用，書末也有授權翻譯的延伸練習工具，以及線上版的資源可以下載使用。

本書獻給我的家人

For my family

你一定要接受事實，好好處理。不要落入常見的陷阱，例如希望現實不是那樣，或是你的現實會不一樣。你要接受你的現實，有效處理……。

——瑞・達利歐（Ray Dalio），橋水基金創辦人

目錄

✳

第一部　了解衝突循環　　　　　　　　　　007

前言　8項練習，化解衝突　　　　　　　　　009

練習1　留意你的衝突習慣與模式　　　　　031

第二部　打破衝突模式　　　　　　　　　　053

練習2　深入弄清楚：畫出衝突　　　　　　055

練習3　讓情緒成為你的助力　　　　　　　073

練習4　尊重「理想價值觀」與「陰影價值觀」
　　　　──你的與別人的　　　　　　　　101

第三部　讓自己跳脫循環　　　　　　　　　137

練習5　想像理想中的未來　　　　　　　　139

練習6　設計「打破模式的路徑」（PBP）　155

練習7　測試你的路徑　　　　　　　　　　171

練習8　選出最佳結果　　　　　　　　　　189

附錄1　價值觀清單　　　　　　　　　　　219

附錄2　如何在團隊與組織中應用相關練習　225

謝辭　　　　　　　　　　　　　　　　　227

注釋　　　　　　　　　　　　　　　　　235

延伸練習工具　　　　　　　　　　　　　241

第一部

了解衝突循環

前言

✳

8項練習，化解衝突

我平日的工作是傳授妙招給主管級的領導者與研究生，教大家跳脫一再發生的衝突，不過我自己卻拖了好幾年，才下定決心解決成年以來一直存在的考驗。

事情是這樣的。我很愛我的母親，她是我的心靈支柱，也是我最大的支持者。當我需要忠告時，母親通常是我第一個求助的對象。即便如此，我們母女之間長期累積的衝突，在幾年前爆發。現在講起來很丟臉，不過我當時給母親下了典型的最後通牒，告訴她：「妳再這樣，我們斷絕母女關係好了。」而且，我還是透過「手機」這個我們之間的主要衝突媒介講出那句話的。我在家中的辦公室，對著母親大吼大叫摔手機，眼淚噴了出來。母親則在二十英里外的紐約布朗克斯區（Bronx）公寓生悶氣。

我一時氣急敗壞放狠話，後來就收回，但一整個

星期都心緒不寧，被罪惡感折磨，無法專心做任何事。

我為什麼這麼氣？很簡單，因為母親打電話來。聽起來沒什麼？請容我解釋。

我和大部分又要上班又要帶孩子的家長一樣，每天都有一堆瑣事要做；只要注意力一跑掉，錯過環環相扣的單一步驟，一切就完了，沒接到球，遊戲結束。至少感覺起來是那樣。

然而，母親打電話給我的時間，偏偏通常都是挑一天之中的忙碌高峰——也就是早上6點到晚上9點之間——我通常得不耐煩地說：「媽，很抱歉，我現在沒空講話。」

母親不喜歡聽到我講那種話，她會反問：「可是妳從不主動打電話！我是妳媽，妳怎麼會沒時間？」母親打電話給我的原因，通常只是要抱怨我沒打電話。

那種事一再發生，我一度乾脆拒接母親大部分的電話，結果就是她變本加厲，什麼事都看不順眼，任何事都要批評，我也反唇相譏。

如同一般會發生的情況，一場吵架引發了另一場，衝突愈升愈高，我們母女愈來愈難逃脫衝突的局面。每多爆發一次不滿，我們的關係也每況愈下，幾乎找不到出路。

我下定決心打破母女衝突循環的那天，不是私下做出決定。那天我人在哥倫比亞大學（Columbia University）教一堂叫「最佳結果」（Optimal Outcomes）

的課程，在場一共有20位研究生、4名助教。我希望
能在三天的工作坊中，利用我人生這場活生生的真實
插曲，協助學生了解我在課堂上提到的練習可以成功
應用在任何衝突上，不論是多私人或感覺上多龐大的
衝突都適用。此外，我希望讓學生明白，願意卸下心
防時會發生好事。

然而，我依舊緊張，我等於是要在坐滿研究生的
專題課上，講出自己的私事。我當時和班上的學生還不
是很熟，他們對我來說是陌生人。學生會不會覺得很
怪，老師居然在上課時間講她們家母女的事？我講出這
麼私人的事，學生會不會認為到底關他們什麼事？

我很快就發現根本不必擔心。我多講了一點我
們母女間的衝突細節後（各位稍後也會在本書中讀
到），在場的人頻頻點頭，眼神專注，認真聽我講話。

他們當然會懂。在場的學生與助教在生活中也有
長輩，他們同樣也碰過非常令人沮喪的重大衝突，和
我一樣人生有過不順的時刻。

**你，我，每一個人：我們永遠都在處理衝突。不
論我們有多愛家人，多尊重同事，多喜歡鄰居，依舊
會有起衝突的時刻。**

當然，你盡全力處理，然而有時努力會有成效，
其他時候則不論怎麼做，儘管有心解決，同樣的問題
重複發生，一遍又一遍。

你和我一樣感到無路可逃，什麼都試過了。

你完全不知道接下來該怎麼辦。

我讓學生走進我的故事的那一天就是如此。我卡在衝突裡，我的時間與精力原本能以正面的方式用在我關心的人身上，包括我的母親，結果卻浪費掉。我不論是在刷牙、通勤、哄孩子睡覺，或是聆聽找我諮詢的人士講話，滿腦子都在糾結母親的事，甚至做夢都會夢到。

承認吧：卡在衝突裡的時候，你很難把心思放在眼前的事，因此很難以理想中的方式，替身邊的人與這個世界帶來貢獻。

如果上述有任何一句話聽起來很耳熟，首先我想讓你知道你並不孤單。**陷在衝突裡是很普遍的情形——即便是商場、學術界、政府單位裡經驗最豐富的領袖也一樣。**我將在本書的各章節，分享我的輔導故事。

為了保護客戶與學生的隱私，我換掉了能認出身分的姓名與產業細節，但每一則故事都反映出我協助大家的經驗。故事中的主人翁在公私生活裡，碰上了最棘手的問題。

本書的起源

我是組織心理學家，也是校準策略集團（Alignment Strategies Group）的創辦人，過去十三年以上利用「最佳結果法」（Optimal Outcomes Method），協助全球

首屈一指的組織、大學與公共機構克服具挑戰性的情境。此外，我也在大學教書，十多年間傳授「最佳結果法」給在職的專業人士與學生，我的教學對象來自哥倫比亞大學各領域的研究所，包括商學院、國際事務、心理學、教育、宗教與法律。他們選修哥倫比亞大學莫頓・多伊奇合作與衝突解決國際中心（Morton Deutsch International Center for Cooperation and Conflict Resolution）的課程，在三天期工作坊的尾聲，從原本垂頭喪氣、陷在一籌莫展的衝突裡精神大振，以嶄新的視野與新獲得的自由走出教室。

　　我寫這本書的目的，是希望你也能重獲自由。

　　如果你過去讀過講解決衝突的書，「最佳結果法」不止那樣。在我的職涯早期，我在哈佛法學院的談判學程（Program on Negotiation, PON）擔任助教，這門課程是全球最受敬重的衝突解決與談判資源。我因此進入今日該領域兩大宗師的教室與會議室：一位是已故的羅傑・費雪〔Roger Fisher，1981年合著影響深遠的《哈佛這樣教談判力》（*Getting to Yes: Negotiating Agreement Without Giving In*）〕；[1] 另一位是布魯斯・派頓〔Bruce Patton，《哈佛這樣教談判力》的共同作者，亦合著有1999年改變產業的《再也沒有難談的事》（*Difficult Conversations: How to Discuss What Matters Most*），[2] 我大約在《再也沒有難談的事》出版時加入派頓的公司〕。我卯足全力才有幸能與兩位大師共

事，那是一段充滿動能、令人興奮的時光，費雪與受他影響的人士讓衝突領域轉向，從競爭式的贏家通吃談判風格，走向所有人都能贏的合作法。值得慶幸的是，那樣的創新風格一直延續到今日。

和大師共事的那段期間是我的養成期，但這些年來我發現我傳授的方法，不足以解決心中的疑問。我的學術背景是社會心理學，但身旁都是律師。我開始留意到，律師同仁的特點是把衝突與解決衝突，既視為有無限的可能，又當成有明確的終點，畢竟每個案子都得結案。然而，我看著自己的生活，也看著全球最具毀滅性的對抗，我發現衝突似乎是永遠都打不敗的大魔王，通常會在看似即將解決的前夕，再度以最暴力的形式出現，例如在國際外交官團隊的促成下，以色列與巴勒斯坦之間的「奧斯陸和平進程」（Oslo peace process）帶來數年很有希望的和談，最後卻破局，再度展開暴力循環，而那些外交官接受的全是「雙贏法」（win-win methods）的訓練。

我一直在推廣「雙贏法」，但有的人似乎就是無法靠雙贏法達成和解。我想知道碰上這類型的人士時，還有希望嗎？

此外，我也好奇憤怒與悲傷等情緒對衝突產生的影響。我從小生長在家人會尖叫摔門的家庭，我的祖父是最極端的例子。他因為眼看納粹即將入侵，在1938年逃離維也納，最後在紐約定居，重建人生。

今日的我，已經不大能想像祖父當年因為永遠拋下自己所愛的人，因此遭受的痛苦、憂傷與罪惡感。祖父不曾再見過自己的父親；留在歐洲的一個弟弟，因為拒絕透露其他猶太人的行蹤被殺害。還有另外兩個弟弟落腳澳洲，平安無事，但因為相隔太遠，兄弟後來一輩子很少再聯絡。祖父不曾喊苦，但我認為他的壓抑，依舊對我的心理產生了影響：他偶爾會抓狂暴怒，在那樣的時刻，我和小弟通常會縮在祖父的布朗克斯公寓角落發抖。

我母親那邊的親人則是另一種類型。我的外婆佛羅倫斯（Florence）是撫慰人心的天使，她只需要柔聲說著：「好了，好了」，每個人就會冷靜下來。我猜我因為學著化解祖父的怒氣，再加上看到外婆如何讓人鎮定下來，成為家中的和事佬，最終也教客戶、學生與朋友如何冷靜處事。我除了會在本書接下來的部分，扮演故事中的引導者，也希望能教各位在自己的人生中，同樣成為一股安定的力量。

我因為希望了解看上去無法化解的重大衝突，2002年9月到哥倫比亞大學念社會組織心理學的博士班，我發現其他人也在探索類似的問題。911恐怖攻擊事件一週年時，我獲得美國國土安全部的研究生獎學金，在接下來的五年，我研究在全球恐怖主義等各式衝突情境下，羞辱感對侵略行為造成的影響。

那場研究之旅深入探索重大長期衝突的情緒動

機。我待在中東地區，與巴勒斯坦、約旦、以色列的師生朝夕相處，促進對話與跨國關係。我發現，我的研究內容與我和祖父的相處經驗相互呼應。[3]憤怒與羞恥等痛苦的情緒會引發侵略性行為，接著又通常會導致進一步的侵略，形成永遠打不破的致命衝突循環。

我今日是組織心理學家，平日協助領袖有效處理憤怒，讓他們不必和我的祖父一樣靠暴跳如雷來發洩。此外，我也協助人們有效處理他人的憤怒攻擊行為，讓每個人都能從經驗中成長。接下來的章節會介紹我客戶的例子，我相信你會感覺他們的故事帶來啟發，獲得解決自身問題的靈感。

衝突有可能是好事

人會困在衝突裡，通常只有部分原因出在衝突本身無可避免。

一般而言，日常生活自然會產生衝突，這是相當正常、也很健康的事。例如，知名的婚姻研究學者約翰‧高特曼（John Gottman）指出，婚姻出現一定程度的衝突（相較於相敬如「冰」或爭吵不休），其實是健康幸福的關係的典型特徵。

此外，衝突也能帶來有效、創新的解方。以多元團隊為例，成員會因為觀點不同，自然產生衝突。這種團隊的創意、創新程度[4]與生產力，[5]勝過外貌、看法與思考同質性高的團隊。

書籍、戲劇與電影中的有趣情節，就在於主角面對內在或外在的衝突，學著加以克服——一定程度上，生活也一樣。舉例來說，想一想從美索不達米亞神話中的吉爾伽美什（Gilgamesh）到摩西，從穆罕默德到佛陀，世界各地最著名的文學作品中的主要角色，全都面臨龐大的衝突並加以克服，包括內心的衝突以及與他人的衝突。著名的神話學者喬瑟夫‧坎伯（Joseph Campbell）留意到相關故事具備的原型本質，指出「英雄旅程」具備的表述風格：主角必須處理內在的衝突，或是在難以掌控的情況下，面對人事物之間的衝突。坎伯表示，我們每個人的人生會有趣、人生會值得活，就在於克服人生路上不免出現的內外衝突。[6]

簡而言之，少了衝突後，這個世界的生產力將下降，不再那麼有趣，甚至連值得活的程度也下降。

生活、團隊、組織或社會要能順利運轉的話，理論上得有一定的衝突——分量要適中，而實際情況也確實如此。

然而，如果是不論試了多少次都解決不了的衝突，一般不會對你的健康與成長帶來好處，只會讓你很難享受人生或達成目標。

衝突引發衝突

莫頓‧多伊奇（Morton Deutsch）是公認的衝突解決之父。他在1970年代發現，衝突有一個講起來簡單

但影響深遠的本質：衝突會自我延續。[7]講得再明確一點，多伊奇經由一系列的實驗發現，衝突的本質導致一旦發生衝突，八成會引發更多衝突。

舉個例子來講，我們和某個人起衝突時，我們的思考、感受與行為模式將偏向導致更多衝突的類型，進而帶來更多引發紛爭的思考、感受與行為，不斷循環。本書的各章節將探索為什麼衝突會引發更多衝突的幾點原因，這裡先簡單知道衝突不免重複出現就好，我稱為「衝突循環」（conflict loop）。

我發現，陷在衝突循環時，你會養成與衝突有關的習慣，包括責怪他人、迴避、自責，或是即便對方拒絕合作，你依舊無止境地追求「雙贏」解方。此外，你的衝突習慣會和別人的衝突習慣交互作用，形成讓你們永遠卡在衝突循環裡的互動模式。

我在研究所學習五年的棘手衝突因子後，了解我們是如何讓自己逃脫不了衝突循環，不過當時我還不知道我們如何才能脫身？

時至今日，我已經在過去十多年間，輔導各領域的領導者遠離反覆出現的衝突。本書將介紹同時奠基於研究與實務的方法，協助你也能成功脫困。

最佳結果法

「最佳結果法」是一組共有8個步驟的練習。走過一遍後，你將能打破會強化衝突循環的習慣與模式。

在「練習1」，我將協助你留意先前沒注意到的習慣，那些習慣會害衝突雪上加霜，例如：一直逃避，直到事情一次爆發；一時衝動，做出後悔莫及的事；把錯全部怪在自己頭上；以及即便對方無意配合，依舊不肯放棄。一旦知道自己有這樣的習慣，就能夠不再重蹈覆轍。

在「練習2」、「練習3」、「練習4」，我會帶大家看不論衝突有多嚴重，你可以如何抽離出來觀察一下，找出背後真正的原因。對自己身處的情境有新的認識後，就能採取具有建設性的行動，不再出現先前的回應方式，從而打破衝突模式。

「練習5」、「練習6」、「練習7」、「練習8」，協助你想像、設計、測試與選擇通往最佳結果的新道路——有時會相當不同於你曾經以為的理想結果。一開始，你可能會堅持認為衝突應該要如何解決才對，但相較於你最初的目標，最佳結果大概會帶給你更大的個人滿足感，以及更為持久的和諧。

為了讓相關練習能讓你掙脫這些年來不斷強化的習慣（不論你是否意識到這件事），你將需要加以練習，有時必須一而再、再而三練習，直到熟練為止。

在我們深入探索8種練習之前，要先了解最佳結果法的兩個基本步驟。這兩個步驟交織在每一種練習中，包括「培養觀察的能力」與「採取打破模式的行動」。

步驟1：停下來觀察

正念是指學習專注於當下這一刻。正念在今日已被公認是重要工具，[8]能協助我們跳脫過往的經驗，不執著於對未來的期待，更能完整體驗此時此刻。「暫停」（pausing）是一種正念的練習，[9]可以提升你覺察自己人在哪裡。相較於以馬馬虎虎的狀態過生活，「暫停」能協助你留意到情境中容易被錯過的小細節，以不同的角度看事情。此外，「暫停」可以讓你明白發生了什麼事，但不一定需要改變。雖然這聽起來有些矛盾，但正是你能跳脫衝突的基本步驟。

「暫停」是指花個幾秒鐘留意當下的情況，我將在本書各章節教你如何做到。不論是你已有多年安靜打坐冥想的經驗，也或者你這輩子不曾暫停過，本書提供的練習足以提供你新洞見，而且很簡單，任何人都做得到。

步驟2：採取打破模式的行動

「暫停」的最終目的，是協助你不僅辨認模式，還要打破模式，跳脫衝突循環。後文很快就會解釋，「暫停」通常本身就會打破衝突模式，其餘時候則是先暫停，接著採取打破模式的行動。

在本書的第一部，「暫停」將協助你看出自己與他人的衝突習慣是如何交互作用，進而形成衝突模

式。停下來觀察衝突情境，有時本身就是打破模式的行為。如果你已經在試著採取讓衝突消失的行動，光是觀察就能打破模式。

本書第二部的練習，將協助你打破衝突模式。第一步是先暫停，找出造成衝突的因素，好讓自己接下來得以採取打破模式的行動。當你以新方式回應熟悉的場景，就會出現打破模式的行動，開始朝不同方向前進。

在第三部，你將停下來想像「理想未來」（Ideal Future，最佳結果的「原型」），接著設計「打破模式的路徑」（Pattern-Breaking Path, PBP），朝自己的理想未來邁進；最後，你讓理想未來的原型變成「最佳結果」，永遠脫離衝突循環。

什麼是「最佳結果」？

我們身處重複出現的衝突時，通常不大有能力想像自己到底要什麼，滿腦子想著過去是哪裡出錯、到底是誰的錯。我們此時如果還真的能考慮到未來，也通常不會誠實看待眼前的現實。（相較於面對冷酷的現實，正視他人通常並不美好的真實遭遇、欲望與需求，幻想真實人生中永遠不會發生的理想情境遠遠較為容易。）如同圖表1所示，將現實納入考量時，你能創造最佳結果的程度同時要看你能想像理想未來的能力，以及承認你究竟是在處理什麼樣的人事物與現

實狀況。我們將在「練習1」與「練習8」探討如何區分現實與幻想。

衝突循環不好打破。增強衝突循環的習慣與模式是把人往裡吸的黑洞。為了逃脫，你必須借助外力把你拉出去，「最佳結果」就是那股外部的力量。我將在「練習8」介紹如何創造那股力量，讓自己成功抽離衝突循環，奔向自由。

到底什麼是「掙脫衝突」？

前文一直提到讓自己「掙脫衝突」，這裡要先講清楚一件事：**本書的目標「不」是協助你擺脫所有的衝突，而是在你不斷努力、都解決不了時，協助你留**

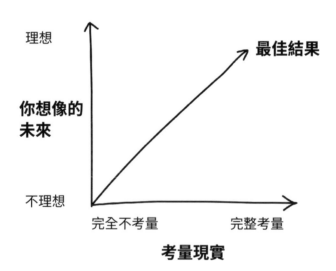

圖表1　同時顧及「你想像的未來」與「現實」的最佳結果

意自己因為哪些慣性的思考方式、感受與行為，成為往事的囚徒。本書介紹的練習，將協助你打破慣性，離開各式各樣的衝突循環。

把目標訂為「掙脫衝突」的好處，在於你的內心已經有能力自由。你不需要等任何人改變或認同你，即便少了其他所有人的配合，你依舊能讓自己獲得自由。

同理，如果你能夠取得專業人士的協助，他們多數時候將帶來助力，但你不需要教練、人才管理專家或居中協調的人士，才能獲得自由。你可以靠自己達成最佳結果，本書介紹的練習會教你怎麼做。

當你衝破困住你的衝突循環，你會瞬間感到自由——身體變輕盈、鬆了一口氣，不再有動彈不得的無力感。

當我體驗到我突破母女衝突的那個神奇時刻時，我感覺到身體不再緊繃——我的腳步突然輕快起來，也不再咬牙切齒。我也親眼目睹學生與客戶發生同樣的變化，他們的肩膀放鬆下來，上半身有辦法挺直，從愁眉苦臉變成眉開眼笑。擺脫衝突後，身體與情緒也跟著自由。

我知道這樣的好事，也能發生在你身上。

講話的方式也要注意

本書談如何打破衝突、獲得自由，而我發現語言會促成或妨礙那樣的過程。「促發」（priming）研究顯

示，我們如何描述人與情境，將影響我們思考與體驗
的方式。我們選擇的用語很重要。

舉例來說，就連用「衝突」（conflict）一詞來描述
某個情境，也將影響你如何看待那個情境，連帶影響
最後的結果。當你聽見「衝突」二字，大腦會連結類
似的詞彙，例如：「爭吵」與「意見不合」，還會聯想
到相關概念，例如：衝突一定不好解決等等。促發效
應會造成你更容易假設衝突勢不可免，不會努力找出
新的處理方式。

同樣地，使用與衝突有關的詞彙，例如：「反
方」、「某某方」、「對手」，將定義你與另一人的關
係，而這樣的定義未能顧及人際關係大都具備複雜的
本質，也造成你與那個人之間的關係未來缺乏轉圜的
餘地。

我希望保留出現改變的可能性，因此我會盡量使
用較為中立或非正式的講法，例如：「兄弟」、「朋
友」、「領袖」、「同事」、「他們」、「他們的」、「其
他人」。此外，我也盡量用「情境」與「經歷」來描
述你面對的事。不過，為了盡量講清楚我在談的事，
我有時還是會使用「衝突」一詞。我鼓勵各位實驗你
使用的詞彙，留意你選用的詞彙如何影響著你認為哪
些事具備可能性。

由於促發效應是暗中出現，想要完全避免並不實
際，但不論你的目標是什麼，依舊值得嘗試能提供助

力的講話方式，不雪上加霜。即便只是簡單意識到促發效應的威力，就可能帶來幫助。

挑一個情境運用在本書的練習

我在哥倫比亞大學的課堂上，請學生挑一個他們在意的衝突情境，最好是取材自他們的生活。大家在課堂上應用最佳結果法，處理那個情境。有的學生輕鬆就想到例子。

然而，在每一個班上，總會有一、兩名學生想不出要用什麼情境。我一開始教這門課的時候，學生喬丹娜就是這樣。28歲的她，來自馬里蘭州的一個大家庭，今日在軟體公司擔任主管。

喬丹娜想不到任何可以當例子的事，我因此詢問她在哪裡工作、住在哪裡，但她依舊沒有頭緒。接著，我問起她的家庭，喬丹娜遲疑一下後，吞吞吐吐回答。

喬丹娜說：「我的父母在我兩歲時離婚。我父親在二十多年前有外遇，我母親不曾原諒他。我父親立刻再婚，但我母親離婚後就一直單身。兩個人受不了彼此，每當他們開口說話或見到面，就會吵到不可開交。我二姐還有一、兩個月就要辦婚禮，我們不敢想像婚禮上他們兩個人待在一起會是什麼樣子。還有我大姐懷孕了。嬰兒出生後，要讓誰第一個到醫院看孩子？另外就是我快畢業了，我希望爸媽都能來參加我

的畢業典禮。」

喬丹娜就像寓言故事裡的魚，因為身邊全是水，渾然不覺自己是在水中游泳。喬丹娜從兩歲起，就生活在父母的衝突之中，衝突將她完整包圍，她甚至沒把衝突想成衝突，單純當成生活的一部分。

現在喬丹娜是成年人了，她看出對她自己、對兩個姐姐而言，爸媽之間的衝突會讓未來多年的家庭聚會充滿挑戰。一旦喬丹娜找出父母的衝突，現在就有辦法做點什麼了。

過去的經驗告訴我，如果要理解最佳結果的練習，最好的辦法就是應用在你在乎的情境。這就是為什麼我將在本書的每一章，問你一連串的問題，協助你把相關練習應用在你自己的情境上。

請和喬丹娜一樣，現在請你花個幾分鐘，想一想人生中的各種情境。**想一想在工作、家庭生活、你的社區，或是在全國性或國際的舞台上，有哪些你在意、重複出現的衝突情境。**

為了讓本書發揮最大的功效，請選擇符合下列三件事的情境：

1. **我直接受這個情境影響。**我不僅僅是旁觀別人的紛爭。

2. **我或其他人過去曾經試圖解決這個衝突，但失敗了。**

3. **我能幫上某種忙。**但這個情境依舊在發生，尚未結束。

如果你依舊猶豫不決，不曉得到底要挑哪一個情境，那就選對你而言最迫切的事。

花點時間寫下下列問題的答案：

✱ 這件事牽涉哪些人？

✱ 衝突的內容是什麼？換句話說，相關人士在意哪些事？

最後，看看你能否確切找出為什麼你想達成最佳結果。你的答案將使你有動力如實進行本書介紹的練習，即使碰上困難，也會全力以赴。你的確會碰上關卡。相關練習有時會需要你誠實檢視自己，想一想能做出哪些改變，以求獲得想要的結果。即便是最勇敢、最能隨機應變的人，也不容易做到這樣的自省。然而，研究證實，如果你知道為什麼要做出改變，你將更能全心投入、持之以恆，因此請花個幾分鐘，寫下這個問題的答案：

為什麼我想要從這個衝突中抽身？

你找出WHY之後，本書其餘的部分，將協助你專注於HOW的部分。後面的章節將協助你理解自己是如何陷入困境，還會介紹如何從衝突循環中脫身，即便其他人不同意或不合作也辦得到。你將審慎評估事情目前的狀態，學習在今日與未來讓自己獲得自由。

重點濃縮

* 發生衝突是很正常的事。適量的衝突對人生、團隊、組織或社會的運作來說是好事。然而，重複出現的衝突，會讓你難以專注於當下，無法以想要的方式，對身邊的人與周遭世界帶來貢獻。

* 衝突的本質造成衝突會引發衝突，形成自我增強的循環。一旦有了衝突，有相當高的機率會引發更多衝突。

* 不是所有的衝突都能完美解決。如果是似乎不可能化解衝突的情境，讓自己跳脫衝突循環的第一步很簡單，就是留心觀察衝突模式。本書的第一部會講解方法。

* 本書第二部介紹的練習，將協助你暫停一下，深入觀察既有的衝突模式，接著採取打破模式的行動。打破模式的行動，是指任何具有建設性的做法，不同於你先前一直在做的事。

* 為了讓你成功跳脫衝突循環，本書第三部的練習將協助你想像、設計、測試與選擇一條能夠抵達「最佳結果」的道路。「最佳結果」是一種理想情境，但你會將現實情境中的冰冷事實納入考量。理想結果所帶來的拉力，將使你突破衝突循環，奔向自由。

這樣開始

挑一個影響了你的生活、反覆出現的衝突，應用本書
各章介紹的練習。花個幾分鐘想一想：

* 這件事牽涉哪些人？

* 這個衝突與什麼有關？換句話說，當事人在意哪些事？

* 為什麼你想要擺脫這個衝突？

✳

留意你的衝突習慣與模式

每一場危機都帶有訊息。危機是大自然強迫改變的
方式——打破舊有框架，鬆動負面的習慣，好讓更
美好的新事物能夠發生。

—— 蘇珊・L・泰勒（Susan L. Taylor），
美國權威新聞人士與編輯

我和我媽不合的情形，就是我們兩個人的衝突習
慣形成的互動模式，讓我們困在衝突循環裡，
我們母女倆就像坐在旋轉木馬上原地打轉。

本章後面的段落，會再進一步談我們母女倆的
衝突習慣，以及我們之間一再重複的模式。此外，我
也會舉例談幾位客戶與學生的衝突習慣與模式。接下
來，我們先看衝突習慣一開始是如何養成的。

衝突習慣是如何養成的

我們的衝突習慣，源自我們被制約或教導如何看

這個世界。我們從父母與其他家庭成員、老師、運動教練、宗教人士，以及其他在日常生活中有影響力的人士那裡學到的事，深深影響著我們的衝突習慣。如果生活中有重要人士教我們遇到衝突時該怎麼做，我們有可能養成明確的習慣，但更可能發生的情形是：從來沒有人和我們談過這些習慣，而是「直接示範」希望我們怎麼做。我們看見他們的身教，進而受到影響。

如果從小到大，家裡的人生氣時會大吼大叫和摔門（例如我家），你長大後也可能會在自己的家裡這麼做（我承認，我偶爾會做這種事）。另一種可能的情況是，你和我的客戶史蒂芬一樣，家裡沒明說的做法是不惜一切代價避免衝突。如果你在這種家庭長大，可能會在碰上潛在衝突時選擇走開，不正面處理。

不論碰上哪種情境，我們通常會持續同一種習慣，我稱之為你的「主要衝突習慣」（primary conflict habit）。

不過，你的衝突習慣依舊有可能視情境而定，可能在家裡是一種習慣，工作時有別的習慣，身處社群時又展現另一種習慣。

你的同一種衝突習慣適用多少情境，要看你成長時接收的訊息。舉例來說，我從小學到，可以在家裡大吼大叫與摔門，但永遠不能在公共場合這麼做。我和弟弟如果身邊都是直系親屬，那麼大家有可能會聽見我們在吵架。然而，要是我和弟弟在超市開始打鬧，爸媽會立刻制止我們。直到今天，相較於人在公

共場合，我依舊比較可能在家大聲講話。

衝突習慣

我依據研究[1]外加多年的教學，以及擔任組織領導者顧問的經驗，整理出四種衝突習慣。儘管我們盡了最大的努力，這四種習慣依舊讓我們困在模式裡，無法輕易離開衝突循環。

各位在讀接下來的描述時，有可能在某個瞬間發現，你本人的習慣其實就是你的問題所在，即便你可能不服氣，想要反駁：「我才不是那樣。」

我想先告訴大家的是，萬一你本人也「難辭其咎」，並不代表你很糟糕，只是你也有七情六欲。

如果你希望掙脫衝突，第一件事就是留意你的衝突習慣如何導致衝突。

道格拉斯‧史東（Douglas Stone）、派頓、席拉‧西恩（Sheila Heen）合著的暢銷著作《再也沒有難談的事》指出，不論你究竟要替你所處的情境負5％、50％或95％的責任，一點都不重要。重點是：很多人一起造成今日的局面；事情今天會這樣，你和其他人都有分。

你的主要衝突習慣，可能代表著當你碰上具挑戰的情境時是如何火上加油的。

好消息是，一旦了解你的習慣是如何搬石頭砸自己的腳，你就能選擇不再那麼做，改採不同的方式。

事實上，哈佛商學院的研究人員近年研究個人與組織的學習，發現人們反省自身的行為時，表現會改善。[2]如果你意識到一段紛擾的關係你也有責任，你就已經再向前邁進一步，朝改善行為出發了。

我將在本書的第二部，介紹如何用不一樣的新做法取代舊習慣。這裡只先提醒大家，如果要跳脫衝突循環，關鍵的第一步是：了解自己有什麼樣的習慣。

當你閱讀接下來的描述時，請記得保持開放的心態，想一想哪種習慣令你感到最熟悉。每種習慣大概都有聽來耳熟的部分，不過你的主要習慣只有一個：那個你連想都沒想就冒出來的反應。

❶責怪他人

有的人從小學到，想要什麼的話，就得直接去要，不願善罷甘休。我的客戶哈維爾就是這樣的例子。哈維爾創辦了時髦的得獎設計公司，擔任執行長。身為天之驕子的他極度自信，出生於那種大學建築物會以他們的名字命名的家族，父母認為孩子就該大膽、強勢，這是最重要的人格特質。此外，哈維爾確實很有才華，因此擁有過人的自信心。

當哈維爾火力全開時，他熱愛競爭的天性是重要資產。他大力替公司爭取機會，碰上別的創業者肯定會想哭的事業挑戰時，他打敗群雄，例如哈維爾的團隊便敬畏老闆一個人就能搞定所有的事，幾分鐘內

想出數十種方法，擊退暗地裡和他們搶市場的對手。然而，哈維爾熱愛競爭的性格，有時過頭到扭曲的程度，變成凡事責怪與攻擊他人。

哈維爾是極端的例子，不過各行各業的確有許多人士，他們熱愛競爭的精神原本是好事，卻養成了責怪他人的習慣。如果你也是這樣，你可能嚐過自身行為帶來的苦果：其他性格也很強悍的人，很容易反過來攻擊你。另一種情形則是，當你碰上不喜歡起衝突的人，就會對你敬而遠之。

別人要是反擊，你的好勝心會使你攻擊回去，火上加油。如果對方躲起來，你則通常會卡在原地，無法前進，因為少了其他人的合作或協助，你得不到想要的東西。即便你有能力自己來，等對方知道你拋下他們，有可能導致更多衝突。

簡而言之，責怪他人的習慣一般會導致輸，不會帶來你想要的贏。有時代價是丟臉，其他時候則會損失金錢、關係、時間、力氣與專注力。

以哈維爾的例子來講，他責怪他人的習慣的真正壞處，在於害他與塔拉有了心結。塔拉是哈維爾的老友，負責管理銷售部門。塔拉是英國人，性格溫和，彬彬有禮，是極度聰明的人才，有開創力、也有毅力，能讓公司的市占率大增。哈維爾雇用塔拉時，認為她的學經歷完全符合讓公司擴張的條件。

然而有一天，哈維爾氣沖沖地闖進塔拉的辦公

室，質問為什麼銷售部門招募人才的動作那麼慢？哈維爾大罵塔拉妨礙了挖角進度，接著又下達新命令。塔拉默不作聲。這樣的互動不斷重複出現，每次發生這種事，哈維爾吼得愈大聲，塔拉就愈是什麼都聽不到──接著，盡量離哈維爾愈遠愈好。

❷悶在心裡

各位可能和塔拉一樣，碰上衝突時把自己封閉起來。你的本意是好的，你不想要吵架。在你沮喪到無法進行有建設性的談話時，這樣的降溫或許有用。然而，**如果你不惜一切代價也要避開衝突，你的行為將不只是在太過沮喪時暫時躲開；你會變得沉默寡言，情況開始惡化，每況愈下。**典型的結果是衝突沒有獲得解決，持續處於「悶燒模式」，最後再次爆發，而且這次有可能比先前更嚴重。

亞歷珊卓與傑森是某全球法律事務所的同事。有一天，兩人在員工餐廳和幾個朋友吃完飯後，亞歷珊卓隨口問傑森，能不能把他旗下的某位明星律師調到她的團隊？她接下來有一件大案子，需要動用事務所裡最優秀的人才。

傑森猶豫，不肯正面答覆，他心中感到不大舒服。亞歷珊卓說的那名同事，已經在處理棘手的重要案子。此外，傑森不開心的地方，在於亞歷珊卓似乎認定自己的專案比他的重要。傑森知道必須拒絕這項

要求，但他下一個要開的會已經遲到，沒時間在員工餐廳和亞歷珊卓爭論。

　　一週後，亞歷珊卓寄電子郵件給傑森，信上說她真的很需要那位同事，再次詢問能不能把他調過來？傑森沒時間回那封信，他忙著處理案件。

　　隔週，傑森再次收到亞歷珊卓的信，信上說要是傑森今天下班前沒回信，她會直接告訴那位律師他被調到她的組。傑森進入危機模式，不得不停下手中所有的事，先解決亞歷珊卓帶來的威脅。

❸都是我不好

　　剛才提到哈維爾責怪塔拉，數落他眼中塔拉做錯的地方，而你碰上衝突時有可能與哈維爾相反，覺得是自己不好。你承擔錯誤，用意良好，希望能夠學習，下一次要做得更好。這種習慣的優點是，你替自己的行為負起責任，重點放在能夠如何改善。然而，如果不去考慮你在每次的事情中，究竟扮演了多大的角色，一律都當成自己的問題；還有你感覺不只是這次做錯了，而是你這個人就是能力還不足、一無是處，此時你想學習的本意會被扭曲。**雖然你依舊可以從這次的事情中汲取到一些寶貴經驗，你學到的東西將比不上心理陰影帶來的傷害。當你不必要地讓自己心力交瘁時，衝突只會一直延續下去。**

　　馬可斯的老闆告訴他，因為他不了解客戶的業

務，害公司在和客戶開會時很為難。馬可斯立刻告訴老闆他會好好學，以後不會再發生這樣的事。馬可斯心中感到十分羞愧，自己居然這麼無知，開會不順利都是他害的。當天晚上，馬可斯獨自躺在床上，告訴自己：「老闆說的沒錯。我完全不懂客戶的業務。我最好還是回學校拿好一點的學歷。我早該知道不可能在這一行成功，我根本沒這個條件。我想騙誰啊？我不敢相信自己居然這麼蠢……。」馬可斯想要進步很好，但罵自己、覺得自己丟人，不斷反芻負面的自我談話，反而降低了他在未來能進步的可能性。大量的負面念頭，讓他無法專心學習，只讓他卡在衝突裡，他的腦子不斷在重複的念頭裡空轉。

❹過分努力合作

　　面對衝突時，你可能會想辦法與他人合作，目標是以和氣的態度解決衝突。這種事有時有可能辦到，例如當你和同事一起努力解決問題時，你們兩個人各自擁有能夠幫助對方的實用知識，彼此分享專業知識，腦力激盪出選項，最後解決問題。然而，埋藏在心中的價值觀與情緒，時常因為沒有妥善溝通好，使人沒準備好合作。

　　由於合作似乎是理所當然的事，我們的文化又高度重視合作，你在別人沒準備好要合作時，還試圖要合作，反而會和其他的衝突習慣一樣造成反效果。

當你無論如何都想要合作，很容易變成熱臉貼在冷屁股上。你的任務變成不惜一切代價都要合作，最後浪費寶貴的時間與精力，努力想出其他當事人永遠都不會滿意的解決辦法。

此時，你想出的辦法有可能是「OK繃」，治標不治本，有時甚至反而雪上加霜。在此同時，時間一點一滴流失。國際場合經常發生這種事：外交領袖耗費多年時間，試圖與其他無意合作的人士合作。此外，平時的日常生活互動，也會發生這種事。

亞希子在哈維爾的優秀設計公司裡，當了18個月的頂尖AE業務人員後，立志成為最近開缺的營運長。哈維爾同意亞希子是最佳人選。然而，塔拉和哈維爾私下談過幾次後，塔拉還以為哈維爾的意思是要把這個位置交給自己，她擔負的責任和公司地位都會大幅提升。

當哈維爾升亞希子為營運長時，塔拉氣壞了，威脅要辭職。塔拉原本就是團隊的關鍵成員，也是哈維爾的好友，哈維爾不想失去她。於是，哈維爾告訴亞希子與塔拉，看她們兩個人能不能一起擔任營運長。亞希子接受過解決衝突的技能訓練，再加上她的個性原本就願意與人為善，她嘗試和塔拉一起解決這個問題。

亞希子花了幾個月的時間，向塔拉提出一個又一個選項。塔拉每次都會考慮看看，但最後都拒絕。時間愈拖愈久，亞希子愈來愈沮喪。談了好幾個月後，

塔拉依舊拒絕所有的選項。營運長一職依舊空著，亞希子與塔拉開始交惡。

了解你的衝突習慣

自知是一種力量。了解自身的衝突習慣，將可減少習慣對自己的控制。回顧剛才提到的四種類型，哪一種可能是你的主要習慣？雖然你在工作上、在家裡、在社群，可能有著不同的習慣，依舊可以問一問自己：**你最常出現的習慣是哪一種？**

如果答不出來，那就想一想：哪種習慣令你感到最舒服，或是最有吸引力？當你運用這四種習慣時，其實都是出於善意，所以誠實作答吧。把別人的習慣當成自己的，對任何人都沒好處。了解自己，是獲得自由的第一步。

身為設計公司執行長的哈維爾當然不願意承認，但是他也知道人們沒照他的意思做時，他一貫的手法就是吼他們。值得留意的是，哈維爾自認工作上比較會這樣，在家裡不會。未婚妻是他在世上最親的人，未婚妻懂他、協助他，兩個人彼此扶持。工作上的人則總是惹他生氣，告訴他壞消息，打擾他，笨手笨腳，搞不清楚狀況。一天之中，身邊全是這群無能之輩，他很容易大發雷霆。然而，要是哈維爾真的對自己誠實，他會坦承無論在家裡或工作上，每當他不爽，他的預設做法就是責怪他人。

留意衝突模式

　　除非開口問，要不然你無從確認其他人的主要習慣是什麼，不過你可以盡量推測。

　　你的目標不是評論對方是個怎麼樣的人，也不是給對方貼標籤；你要做的事只有找出你和他們是如何陷入僵局。

　　你找出其他人的主要衝突習慣後，你將留意到模式，也就是你與他人的衝突習慣如何交互作用。

　　依據我的輔導經驗來看，最常見的模式有下列五種。

模式1：責怪他人／都是我不好

　　我學生安吉禮感覺姑姑永遠在斥責她不夠好 —— 她不是個好女兒、好姪女、好學生、好朋友、好表姐、足球踢得不好、不是個好科學家……她不足的地方族繁不及備載。每次姑姑罵安吉禮，說她某件事不夠好，安吉禮就會在心中接著這樣的長篇大論來罵自己。如果姑姑告訴安吉禮，她是個爛朋友，安吉禮就會開始想這些年來，自己所有對不起朋友的地方。如果姑姑說她不是個好足球員，安吉禮就會變本加厲批評自己，回想起這輩子所有沒踢進的球。安吉禮和姑姑根本是絕配 —— 如果安吉禮希望成天折磨自己，不斷細數自己沒有做好的事的話！

模式2：責怪他人／悶在心裡

塔拉注意到，哈維爾的主要衝突習慣似乎是責怪他人，而她的則是悶在心裡。她好奇這點該不會至少能夠部分解釋，為什麼兩人的互動通常沒下文。哈維爾會一氣之下爆炸，亂發脾氣，此時塔拉會離開，一直躲到確定哈維爾已經冷靜下來。有時這會花上幾天或幾週，時間原本可以用在追求創意上，卻被這種模式浪費掉。哈維爾和塔拉一個會直接發洩出來，另一個會躲。

模式3：過分努力合作／悶在心裡

亞希子看出希望合作於事無補。亞希子和塔拉的模式是亞希子提議，接著塔拉拒絕。亞希子終於承認「失敗」後，不曉得接下來該怎麼做，不過她確實知道，不管再怎麼努力配合，也無法讓自己或任何人脫離她們的情境。

模式4：悶在心裡／悶在心裡

茉莉和妹妹泰瑞莎已經多年不講話。一開始是母親過世時，兩人對於該如何分配遺產大吵一架。兩人最後一次離開母親的房子後，沒人先主動拿起電話聯絡對方，連生日或節日也不送上祝福。兩人向來處不好，現在母親又離開了，更沒有理由保持和睦（除了

為了她們的孩子，孩子們沒有做錯什麼）。

模式5：責怪他人／責怪他人

哈維爾找出父親的主要衝突習慣是責怪他人。他因此了解，為什麼他們父子不論什麼事都能一下子吵起來：一方攻擊，另一方立刻回擊，造成似乎無路可退的衝突模式。

留意集體的衝突習慣與模式

你可能和哈維爾父子一樣，和另一個人有著相同的衝突習慣，甚至是一群人都一樣。**事實上，不論家庭歷史、文化期待、個人性格或專業長才，只要是生活背景、技能或特質差不多的人，經常擁有相同的衝突習慣。**

安德烈是某全球媒體公司的人資主管，他最近在公司的廣告銷售團隊那裡吃足苦頭。安德烈寄信給團隊的三位主管，請他們遵守新的公司政策，但三個人斷然拒絕，回信的內容令安德烈感覺三人相當好鬥。

接下來幾個月，安德烈持續向這幾位廣告銷售主管，提出被他們拒絕的請求，情況最後惡化到安德烈再也不想跟這三名主管講話，茫然接下來該怎麼辦。

安德烈大約是在同一時間，在我的班上聽到「最佳結果法」。他挑戰自己找出三位銷售主管的衝突習慣。他認為，他們展現出責怪他人的習慣，想一想之

後覺得也難怪會這樣。銷售主管要成功的話,其實需要與客戶建立良好的關係,然而在他們剛打進的市場,最重要的事是打敗同業的銷售團隊,搶得市占率。

安德烈發現,三位銷售主管的工作需要他們好鬥;此外,安德烈還留意到,銷售團隊的文化也反映出競爭精神。從他們志氣高昂的團隊座右銘,就看得出這點:「不想回家吃自己,銷售要變3倍。」

安德烈發現三名銷售主管好勝心極強,這點雖然協助他們在工作的關鍵面向成功,但是當這種精神過頭時,令安德烈感覺被責備與攻擊。再加上三名主管是同時攻擊他,他感覺無力招架。

在安德烈找出三名銷售主管的習慣是責怪他人後,又問自己與他們三人的衝突模式是什麼?出乎安德烈的意料,安德烈承認自己的衝突習慣其實和他們一樣。銷售團隊把他最初的請求視為攻擊,就此引發攻擊的衝動。安德烈知道,他們陷入「責怪他人／責怪他人」的衝突模式。

安德烈留意到的是自己與一群人之間的互動模式,不過**衝突模式存在於每一個層級,包括個人、小組、團隊、組織與社群之間,甚至是整個國家。**

知道不該做什麼事

熱門的電視真人實境節目《時尚大忌》(*What Not to Wear*) 2003 年在 TLC 頻道開播,主持人是史黛西・倫

敦（Stacy London）與克林頓・凱利（Clinton Kelly），兩人誓言要「拯救邋裡邋遢、奇裝異服、不懂搭配的人士，進行時尚大改造，讓他們的人生改頭換面。」

史黛西和克林頓帶來賓去買新衣之前，會先檢查他們目前穿的衣服，找出哪幾件不該再穿。史黛西會篩選一番，宣布不合格的衣服：「不要再穿鬆垮的運動褲；丟掉這些褲子！」「把那些破破爛爛的T恤扔進垃圾桶！」衣服的主人會尷尬傻笑，惋惜地看著不適合再穿的衣服，放進要送走的衣物堆。唯有人們願意誠實看著舊服飾，不再擺在衣櫃裡，上街買新衣服才有意義。

同樣的道理，在這個階段，你將與發生衝突時「不」該做的事面對面。回到我的個人故事：我發現不接母親電話的結果，比用不耐煩的態度接起來還糟。然而，不論接或不接，都會讓我們母女進一步陷在衝突循環裡。

打破不良習慣最有效的方法，就是用截然不同的東西取代。查爾斯・杜希格（Charles Duhigg）的暢銷著作《為什麼我們這樣生活，那樣工作？》（*The Power of Habit: Why We Do What We Do in Life and Business*）[3]讓溫蒂・伍德（Wendy Wood）博士的科學研究流行起來。[4]伍德指出，**改變壞習慣的方法，就是用會帶來你想要的結果的不同習慣來取代**。本書第三部的練習，將協助你以不同的做法（足以打破模式），取代舊的

衝突習慣，達成最佳結果。

然而，如同研究所示，在你能以不同習慣取代舊習慣之前，先得察覺自己一直在做什麼。做出改變的第一步，就是進一步留意你一直以來有哪些習慣與模式。

誠實面對

我在班上學員的協助下，開始看出自己與母親處於「責怪他人／責怪他人」的模式，而最後的結果通常是我悶在心裡。我得出結論後，並未出現頓悟有時會帶來的希望與動力，只是感到悲傷。我和母親愛著彼此，這點我很確定，但我們似乎天生折磨著彼此。此外，我開始留意到我生活中的其他部分，也出現相同的衝突模式——主要是與家人的關係，但有時和朋友、鄰居、同事也一樣。我感到窒息。

幸好，我已經協助很多人走過相同的流程，我曉得自己處於哪個階段。雖然不安，但這只是暫時的，也是必經的過程。

一旦你意識到自己的主要衝突習慣，就會在日常生活中開始留意。當你抓到自己的習慣跑出來時，會像在看慢動作一樣，或是有如看著電影銀幕上的自己。

出現這種時刻，你有可能感覺鬆了一口氣，準備好改掉舊習慣。你知道自己看得愈是清楚，就愈有能力放手。

然而，如果你和我以及其他許多人一樣，也可能

會感到失望，失望自己竟然有那樣的習慣，也對自己與他人的相處模式感到失望。舉例來說，你可能會希望另一半好勝心不要那麼強，或是你不想要每次都該死地悶在心裡。

這是正常的反應。人在碰上衝突時，通常會許相同的三個願望：我們會希望問題可以自動消失；我們希望其他人能夠不要像現在這樣；以及很多人也會希望自己可以不要這樣（尤其是主要習慣是「都是我不好」的各位）！當願望不符合現實，我們很容易感到灰心喪氣、憤怒又悲傷。

雖然希望事情不一樣是人的天性，正確疏導這種感受有可能引發正面的改變；可惜的是，這通常只會雪上加霜。

舉例來說，希望問題「自動」消失，只會讓問題持續化膿。

只因為你希望別人改變，就期待他人改變，通常只會惹惱對方，這背後的原因與心理學家所說的「自我威脅」（self-threat）現象有關。人類天生需要維持對自身的正面看法，因此碰上不符合正面觀點的資訊時，一般會感受到威脅，進而忽視、排斥那種說法，或是想要保護自己，甚至惱羞成怒。當你期望別人改變，通常會威脅到他們對自己的正面觀感，結果是他們很可能不大會讓步，甚至變得渾身是刺。

此外，希望自己不是現在這樣，也無法帶來真正

的改變。

傳奇對沖基金橋水（Bridgewater Associates）的創辦人瑞·達利歐（Ray Dalio）寫道：「人們如果把自己渴求的事，誤認成實際上發生的現實，心中的現實圖像是扭曲的，以致無法做出最佳決定。」[5]

我們將在「練習8」回頭看願望與如何處理心願，包括如何評估現實，將現實納入考量。現在，我們先簡單「暫停」一下，回想你到目前為止注意到的事情。

開始吧。

深呼吸。

觀照你吸氣與吐氣時，氣息如何進進出出。

你可以做個兩三遍，或是很多次，隨你高興。

準備好了之後，想一想接下來的幾個問題：

* **你會如何描述你的主要衝突習慣？**

* **回想一下你在前言中找出的情境。你會如何描述另一個人（或團體）的主要衝突習慣？**

* **那個人或團體的衝突習慣，是否與你的衝突習慣形成某種模式？是的話，是哪一種模式？**

你在留意事物的時候，記得要盡量實事求是。目前還不必改變或採取任何行動，先留心觀察就好。

重點濃縮

* 「責怪他人」、「悶在心裡」、「都是我不好」或「過分努力合作」這四種衝突習慣，將造成衝突反覆出現。雖然我們有心解決，但通常容易失敗。

* 每一種衝突習慣會與其他三種交互作用，或是當雙方的習慣是一樣的，會形成讓我們永遠卡在惡性循環的衝突模式。

* 想要擺脫衝突，第一件事很簡單，就是留意你的主要衝突習慣，以及你的習慣帶來的衝突模式。

換你練習

留意觀察你的衝突習慣與模式

找出你的主要衝突習慣

你屬於四種衝突習慣中的哪一種？

* 責怪他人

* 悶在心裡

* 都是我不好

* 過分努力合作

找出衝突模式

當你與他人互動時，是否出現下列五種常見衝突模式中的其中一種？

* 「責怪他人／都是我不好」模式

* 「責怪他人／悶在心裡」模式

* 「過分努力合作／悶在心裡」模式

* 「悶在心裡／悶在心裡」模式

* 「責怪他人／責怪他人」模式

留心觀察

留意你找出的習慣與模式，在這個階段還不需要改變或採取任何行動。

做一下線上測驗，找出你的主要衝突習慣：
jengoldmanwetzler.com/assessments/conflict-assessment（英文版）

如何達成最佳結果

第一部	了解衝突循環
練習1	留意你的衝突習慣與模式
第二部	打破衝突模式
第三部	讓自己跳脫循環

第二部

打破衝突模式

練習 2

※

深入弄清楚：畫出衝突

「我有時化繁為簡，有時化簡為繁。」
──小奧利弗・溫德爾・霍姆斯
（Oliver Wendell Holmes, Jr.），
已逝美國著名法學家、最高法院大法官

我第一次見到客戶鮑伯時印象深刻，對他碰上的領導挑戰深感興趣。鮑伯聰明體貼，一頭金棕色的頭髮，笑容可掬。他正在努力讓事業更上一層樓，但不曉得該如何處理與某位團隊成員的棘手人際關係議題。鮑伯是其他高階主管教練介紹給我的客戶，那位教練已經輔導他好幾個月都沒有進展，無計可施，再加上那位教練知道我的專長是處理無法化解的歧異，認為在鮑伯自毀長城前，我能夠幫上忙。

鮑伯是某間敏捷軟體公司創始人，十年前白手起家。創業很有趣，但鮑伯非常想做點新的事，已經在思考最終會離開公司。他找來經驗豐富的新財務長，

協助自己做好賣掉公司的準備。財務長的頭一個建議是：重新協商公司頂尖業務莎莉的抽成。莎莉是一起打天下的老臣，除了是同事，也是鮑伯的朋友，兩個人永遠一起拜訪客戶，在全美各地陪客戶吃飯喝酒，這些年來建立起真正的革命友誼。

財務長指出，相較於其他高階主管領到的薪酬，莎莉拿到的遠遠超出比例，更別說是遠高過市場行情。鮑伯原本就知情，因為莎莉的獎金制度是多年前協商的。當時莎莉的工作必須開疆闢土，但現在公司在業界已經小有名氣，她不必像以前一樣衝鋒陷陣，卻依舊領取最高的抽成。從財務的角度來看，調整莎莉的分紅有道理，改善公司的資產負債表很重要。鮑伯認為這麼做很合理，莎莉應該犧牲小我，完成大我。然而，鮑伯有預感莎莉會不高興，因此用電子郵件展開對話，認為信上談會比較容易，但莎莉不理會那些信。鮑伯終於試著親自向莎莉提起這件事的時候，他的態度是當成一切已是既成事實。莎莉又驚又怒，對著鮑伯嘶吼他怎麼能這樣做，兩個人吵了起來，接著莎莉氣沖沖地離開。每次鮑伯鼓起勇氣談這件事，就會再度發生類似的互動，立刻不歡而散。

一天，和客戶中午聚餐過後，鮑伯和莎莉走出餐廳，鮑伯舊事重提。「莎莉，我們真的必須檢視妳的薪酬。妳知道，妳的獎金制度遠遠高於市場行情，我們需要調降，一定要調整到合理數字。」

「鮑伯，我告訴過你，我不想談這件事。我們已經吵過很多次，可以談點別的，但不要講這件事，不要現在談。」

鮑伯提高音量：「莎莉，妳講點道理，不要再無理取鬧。我們必須……」

莎莉打斷他：「你說我無理取鬧？到底是誰無理取鬧！」

兩人踏出和客戶吃飯的餐廳沒幾步路，就在街上高分貝吵了起來。

「莎莉，不准對我大小聲！妳憑什麼把我當成小孩，對著我大吼大叫？我是妳老闆！」

「我把你當小孩？你才是那個決定在街角談我的獎金制度的人！請不要再對我大小聲！這不是談這件事的正確時間或地點！」

「好，妳知道嗎？妳是對的。妳永遠是對的。算了。就當我什麼都沒說！」

鮑伯掉頭朝反方向走，不跟莎莉一起回辦公室。

我第一次見到鮑伯時，事情已經過了好幾個月，鮑伯除了沒能再次提起調整莎莉獎金制度的事，兩人幾乎不講話了，公司的計畫因此停頓，大受影響。這下子，鮑伯認真考慮開除莎莉——他知道這麼做，對公司有很大的風險，因為莎莉有可能帶著客戶出走。此外，鮑伯也在乎兩人的友誼，真心不想撕破臉。然而，他不知道如何才能在不吵起來的前提下，談莎莉

的分紅。幸好鮑伯其實不必那麼做，至少不必一開口就提那件事，那部分可以晚點才登場。

我在鮑伯甚至尚未考慮採取行動之前，協助他先違反直覺，什麼都別做；一開始先觀察就好。**對多數人來說，從俯角觀察情勢，本身已是打破模式的體驗**。鮑伯和許多人一樣，習慣病急亂投醫，忙著讓衝突消失，也因此只是觀察、不立即採取行動，就已經打破過去的衝突模式。如同暢銷書作家與猶太裔佛教導師希薇雅・布爾斯坦（Sylvia Boorstein）用幽默的書名提醒我們：《坐下來，什麼都別做》（*Don't Just Do Something, Sit There*）。

當我們從命時，通常會留意到，事情比原本想的還複雜。

化簡為繁，挖深一點

衝突一般由多重原因造成，但我們傾向用相當簡化的方式看待情況。這種簡化成狹隘的「我們vs.他們」的傾向，源自於「戰或逃」的直覺，限制了我們在面臨危險時的視野。老虎在追你時，你什麼都顧不到，一心只想趕快逃離老虎。即便你明白情況很複雜，你的頭腦希望一就是一、二就是二，這樣才能快速採取行動。

以前述的例子來說，鮑伯第一次告訴我莎莉的情況時，只提到兩人在街角吵架，沒提到他與莎莉以外的任何人。

我們在談衝突情境時，一開始經常會以這種方式描述。回顧一下在本書前言的結尾，當時我問你選中的衝突情境牽涉哪些人，你寫了誰？你是否只寫下一、兩個人或一、兩群人的名字？是的話，八成是因為我們一般會把複雜的情形簡化成最簡單的三言兩語。

這就是為什麼這裡提的「化簡為繁」將效果驚人。

當你退一步使用廣角鏡頭，將會看見更複雜的情況，以更細膩的方式了解問題，不再像先前一樣當成非黑即白，進而發現先前沒看見的機會，找出改變的切入點，想出解決衝突的辦法。這次的新做法，將不同於你先前以簡化的角度看事情，而拓展視野的最佳方法，就是把衝突畫出來。

我最初是從研究所導師彼得・T・科曼博士（Dr. Peter T. Coleman）那裡，學到「畫出衝突」這一招。科曼博士是哥倫比亞大學莫頓・多伊奇合作與衝突解決國際中心的主任，也是該校地球研究所「合作、衝突與複雜進階聯合研究」（Advanced Consortium on Cooperation, Conflict, and Complexity）的創辦人。本章的練習，取自他的衝突與動態系統研究。[1]

我協助鮑伯畫出他的衝突地圖，先盡可能找出與他的情境相關的個人、團體與其他因素，畫出代表相關人士的圓圈。我建議鮑伯，將過去、現在或未來有可能涉及的人物與因子全部畫出來，不論他和那些人熟不熟都一樣，也先不用管他是否確定那些因素的影

響力。只要是鮑伯認為在這個階段留意一下「或許」會有幫助的人事物，全部寫下來。

我建議鮑伯，用圓圈代表一個人或一組人、一個群體、團隊或整個組織。此外，也要想一想，他認為哪個圓圈隸屬於其他圈子。他畫出代表自己的圓圈，那個圓圈位於更大的「高階主管團隊」圓圈裡面。他也畫出了代表莎莉的圓圈，外頭再畫一個更大的圓圈，代表「銷售團隊」。

接下來，他畫了一個更大的「公司圈」，包含這四個小圈，意思是他和莎莉分屬於同一間公司裡的兩個不同團隊。鮑伯把「創投投資人」這個圓圈，一半畫在「公司」裡，一半畫在「公司」外，代表公司的創投投資人能夠影響公司，但不只對鮑伯的公司負責。

鮑伯思考哪些因素影響著他和莎莉的互動方式時，留意到兩人的成長背景，包括：他們兩個人如何被帶大、各自的原生家庭等等。鮑伯了解莎莉的家庭狀況，因為他們當了十年的朋友，莎莉提過自己的童年。此外，莎莉的父親來看女兒時，鮑伯甚至和伯父見過一、兩次面。

你可能不知道你的情境相關人士的成長背景，也不一定需要知道，但是你知道的可能比想像中的多。不妨停下來想一想你確實知道的事──他們是否提過自己的成長故事？他們提過父母嗎？兄弟姐妹？曾經影響他們的老師、導師、教練？

　　鮑伯依據他留意到的事，畫了兩個圈，代表他和莎莉在公司之外各自的成長背景與家庭。那些圈解釋了家庭因素影響了公司，但起初存在於公司的組織架構之外。鮑伯在圓圈之間加上線條，代表圓圈如何彼此互連。他還加上箭頭，畫出人與因素之間的影響方向。此外，鮑伯以一次畫兩條線，象徵他和莎莉之間有著很深的關係。鮑伯畫的箭頭，從創投投資人與財務長指向他自己，意思是他感受到必須砍莎莉獎金的壓力。鮑伯在自己和莎莉之間畫了一個「X」，代表兩人起衝突。此外，鮑伯在代表莎莉家人連結的那條線上畫了愛心，因為他感到莎莉深愛著家人，那是莎莉的成長方式。

　　鮑伯的圖像這樣：

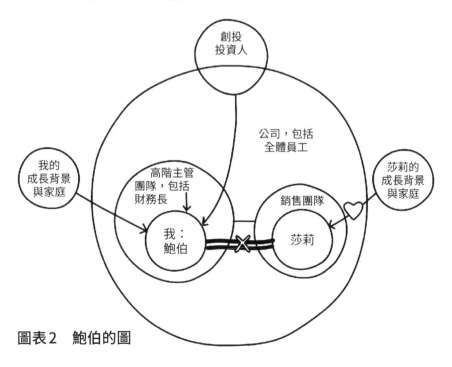

圖表2　鮑伯的圖

鮑伯靠畫圖理解情勢複雜的一面。這下子，他看出自己與莎莉的衝突，不只是他們兩人之間的事，還牽涉高階主管團隊，尤其是財務長與創投投資人，那一方建議鮑伯重新調整莎莉的獎酬制度。此外，銷售團隊與公司裡的其他每一個人也間接涉入，鮑伯明白自己有義務為了公司的最佳利益，當個強而有力的公平領導者。此外，這件事也與鮑伯和莎莉的成長背景有關，他們的人生經歷影響了兩人如何看待薪酬與領導力。

在事情似乎非黑即白的時刻，理解到情況其實很複雜，將是打破表面上無望的情境的關鍵步驟，你將意識到新的改變機會。

等你看得透澈之後，可以再回到簡化版的觀點，但是開始反省的時候，先深入分析事情複雜的一面。

從模糊到清楚

如同鮑伯的例子，畫出衝突的主要好處，有時是開闊你的視野。有時則是反過來協助你釐清細節，甚至是將觀點具體化。如果你開始畫的時候，發現光是牽涉的人數就多到令你頭昏腦脹，你會發現事情如此棘手的原因之一，在於感覺上就是個難以處理、跨不過去的重大障礙。

此時，畫出衝突將能協助你把鎂光燈打在最關鍵的人、團體或議題上，協助你決定在事情似乎太大的

時候，只專注在一個層面，小心選擇要把注意力放在哪裡。

如果你的情境似乎複雜到令人無法動手，那就先問「熱點」在哪裡。這場衝突「最直接」的當事人是誰？哪些議題最棘手？接下來，問最有效的改變機會可能來自哪裡？從個性、受過的訓練或扮演的角色來看，誰可能出來當和事佬或助一臂之力？這麼做，可以協助你把注意力的範圍，縮小到最接近問題來源以及有辦法改善動態的人。

如果你處理的情境，熱點真的太多，那就問自己：依據你本人的利害關係或渴望來看，你最想全心投入到事情的哪個部分？舉例來說，如果你正在處理複雜的國際衝突，你需要決定是否要和政府領導者、草根領袖，以及代表一、兩種或多種情勢觀點的一般民眾，或是國際上的和平非政府組織人員合作。在這類情況中，如何介入的選項似乎無窮無盡，畫圖能夠協助你有效找出注意力該放在哪裡。

最後，畫出衝突能夠協助你定義自己在這件事情上扮演的角色。問問自己：「我是否是衝突的一部分？也或者我是別人的衝突的中立觀察者？」請注意，如果在一個複雜的情境中，這個問題似乎有任何一絲的重要性，那麼很有可能你在這場衝突中，同時扮演直接的角色（現在或未來），以及某種中立的角色。

以家庭情境為例，我有很多學生發現，雖然父

母反覆發生衝突時，他們自認是調停者，但光是他們
是爸媽的孩子這點，就必然被牽扯進衝突。另一種可
能則是反過來：學生原本自認為被無端被捲入家庭衝
突，但忽然明白他們其實也一直在發揮影響力，可以
繼續扮演有益的協調角色。另外，也有學生發現，他
們一直在家中扮演居中調停的角色，而這樣的角色並
不健康，於是決定減少插手的程度。

　　請記得留意蛛絲馬跡，看看自己是否直接涉入某
個衝突情境，但又在情境中扮演中立的角色。問問自
己：「到目前為止，我如何參與這件事？我又是如何扮
演著中立的角色？我能否想像在未來扮演其中一個角
色，或者兩者皆是？如果是的話，是哪一個？如果我
那麼做，將發生什麼事？」（各位將在本書的第三部有
更多機會思考這些問題，但現在就開始想會有幫助。）

　　我的學生厄瑪努爾開始做這個畫圖練習時，可以
說是不知所措。他想到要寫下家族三代散居美國與海
地的數十位親戚的名字，根本無從下手。

　　我建議厄瑪努爾，可以不必一一寫下親友的名
字，畫圓圈來代表一群家庭成員。他決定試試看。他
畫了幾次一無所獲的圖之後，終於發現先前沒有注意
到的事：當他有勇氣（他認為應該叫大膽）把自己放
在圖的中央位置，每件事明朗了起來。厄瑪努爾用線
條標出他和父母、祖父母的關係，也畫出他和每一位
姑姑、叔伯，以及堂表親的關係。

此外，厄瑪努爾決定把美國和海地同時放上地圖，此舉讓他意識到內心的雙重效忠衝突：一邊是他在美國的現代生活，另一邊是他在海地的精神生活。厄瑪努爾已經和美國女性訂婚，打算畢業後在美國波士頓當心理學家，也就是說他已經鋪好待在美國的路了。然而，他的精神生活與家族卻連結至海地的傳統生活，族人期盼他接下祖母在社群裡的位置。

厄瑪努爾的衝突地圖與關鍵元素如下：

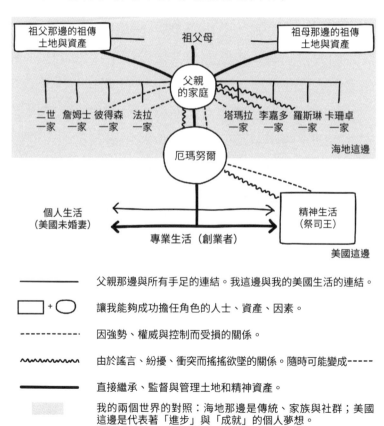

———	父親那邊與所有手足的連結。我這邊與我的美國生活的連結。
☐ + ◯	讓我能夠成功擔任角色的人士、資產、因素。
------------	因強勢、權威與控制而受損的關係。
〰〰〰〰	由於謠言、紛擾、衝突而搖搖欲墜的關係。隨時可能變成------
▬▬▬	直接繼承、監督與管理土地和精神資產。
▨	我的兩個世界的對照：海地那邊是傳統、家族與社群；美國這邊是代表著「進步」與「成就」的個人夢想。

圖表 3　厄瑪努爾的衝突地圖與關鍵元素

留意地圖告訴你的事

　　畫好圖之後，接下來是停下來觀察的時間。厄瑪努爾一看到自己完成的地圖，很快就釐清了幾分鐘前還感覺茫然的情勢。他知道，父母認為他理應繼承祖母的位置，依據海地的傳統一脈相承，成為下一個被選中的精神領袖。然而，厄瑪努爾與家族成員的關係卻因此緊張，尤其是好幾個姑姑、叔伯、堂弟也想坐上那個位置，虎視眈眈。

　　雖然厄瑪努爾接受自己是第一順位繼承人，當他誠實面對自己時，也知道他其實對接下這份責任感到恐懼。

　　他看出自己會和親戚起衝突，原因在於他舉棋不定，不確定要不要接下祖母的位置。這些年來，厄瑪努爾逐漸接受自己有責任接在祖母之後擔任祭司，但在同一時間，他的親戚想方設法爭取這個位置。厄瑪努爾因為擔心身心的安全，遲遲無法做決定，猶豫是否要採取行動，才讓紛爭有機可乘。了解這點後，厄瑪努爾明白「原來如此！」。他了解自己是如何造成家族紛爭不斷，得以釐清自己究竟希望怎麼做，改善他原本認為已經失控的情勢。

　　再回到鮑伯的情境，我們來了解他留意到什麼事。鮑伯端詳自己畫的圖，看出公司的創投投資人與財務長施加的壓力，令他感到兩面不是人，不知如何

面對他們和莎莉。一方面，他是莎莉的朋友，他想保護莎莉，幫忙頂住壓力，莎莉無須承受他們的監督與公事公辦的態度。另一方面，有關於薪酬的事，莎莉居然連談都不肯跟他談，鮑伯感到不受尊重與被推開，賭氣之下不是很想幫莎莉這個忙。

此外，錯綜複雜的情勢圖讓鮑伯有了同理心；他看出自己和莎莉隸屬於大系統底下，有許多影響力在起作用。鮑伯獲得新觀點後過意不去，無法單純指責莎莉，他明白其他所有的因素也都產生影響。

再來就是鮑伯的圖，也讓他更加清楚，莎莉的成長過程對今日的她帶來的影響。鮑伯很久以前就聽說莎莉家境清寒，不過他沒有想到有可能是因為這個原因，即便莎莉早已不必擔心這種事，但是到了現在依舊對錢沒有安全感。鮑伯不確定是否真的就是如此，但似乎的確有可能。此外，鮑伯也能懂莎莉單身，財務上沒有家人能夠幫她，萬一她怎麼了，沒人會伸出援手。鮑伯看得出來，莎莉必須讓財務穩定的壓力，大概比他最初想的還大。莎莉的行為依舊讓鮑伯氣憤不已，但現在他至少能懂莎莉怎麼會這樣，進而抱持更多的同理心。

最後，鮑伯留意到自己的成長歷程，也影響了他對於領導的看法。鮑伯的父兄都是創業家，從小鼓勵他勇於冒險，追隨他對科技的熱情。鮑伯的確全心投入，大學就和幾個朋友成立小型的敏捷軟體公司，所

有人住在同一棟房子。敏捷協作整體而言重視合作的
精神，鮑伯的公司尤其如此。幾個同住的兄弟更是全
都重視合作，以合作精神出名。多年後，鮑伯依舊不
是太習慣擔任眾人以他馬首是瞻的執行長。雖然鮑伯
知道自己有權修改莎莉的獎酬制度，但是動用權力令
他感到不安，他因此猶豫是否真的要變動，又要怎麼
改。雖然鮑伯不願承認，他看出自己和莎莉會陷在僵
局裡，他做決策時的遲疑態度也有影響。

鮑伯開始了解，問題不只出在莎莉「那邊」而
已，他自己也有分。當他也負起責任後，開始了解他
能施力的程度其實多過想像。他檢討自己的行為，思
考可以如何改變，達成想要的結果。

畫出你的情境

我們將在本書的各章節，再度回到鮑伯與莎莉的
情境。現在，先把鏡頭轉向你，換你畫出衝突地圖。
請在一張大大的白紙中間或利用本書的延伸練習工
具，寫下你在前言那章的尾聲找出的相關人員或團體
的名稱。

好了之後，盡量加上其他人物、地點、事件、想
法與其他因素。你先前沒感覺特別相關的人事物，尤
其要記得加。那些因子有可能來自過去，或是今日正
在發生，也可能你預測未來將影響情境。

好了以後，加上圓圈與線條，畫出所有的因素如

何彼此相關。

一定要在你的圖上，至少加上一個先前不覺得有關的新人物或新面向。任何有助於你進一步理解情勢的事，全都可以畫或寫在圖上。舉例來說，你可以用粗線代表施加壓力或影響力，或是僅僅代表兩者關係密切。你可以用不同顏色，代表不同人或不同團體給你的感受。你也可以在每一個圓圈內，加上形狀、顏色、圖畫、文字，代表某個人、地點、事件、概念、因素在你心中的意義。如果要呈現人際關係的品質，可以在連接兩個圓圈的線條上，加上圖示或圖案。

記得要發揮創意。你的圖說出的故事，有可能不同於你過去所說的故事。（如果你的圖亂七八糟，別擔心；一團亂有可能是精確反映出現實情況，畫下來將有助於你看清情勢。）

完成後，看著你的圖。**你的圖說出什麼故事？這個故事是否不同於你最初在前言的尾聲描述的衝突？如果不同，哪裡不同？**

我希望畫出情境將能帶給你新視野，至少讓衝突循環出現一道小缺口。下一章將從那道小缺口著手，協助你看清你和別人的情緒如何影響情勢，找出你如何能夠透過情緒管理持續打破衝突循環。

重點濃縮

* 衝突一般由多種原因造成，但我們傾向於過度簡化情境。在戰或逃的情況下，這種簡化的做法能夠幫上忙。然而，當我們試圖找出反覆出現的衝突源頭時，簡化反而會礙事。

* 往後退一步從廣角鏡頭看事情時，你將更了解情勢錯綜複雜的一面，先前的非黑即白是假象。原本不可能看到的改變施力點，有可能就此浮出水面。你因此能以新方式處理衝突，不同於先前還在以簡化角度看事情的做法。

* 拓展視野的最佳辦法，就是畫出衝突。畫好後，按下暫停鍵，仔細研究，留意圖告訴你的事。

* 畫出衝突的好處，有時是讓你從更寬廣的角度看事情。有時則是相反，協助你更知道該從什麼樣的特定角度出發，甚至是找到確切的觀點。

換你練習

深入弄清楚：畫出衝突

* **打草稿**：在一張空白的紙上，寫下你在前言那章的尾聲找出的相關人士或團體的名稱。在名字周圍畫圈，加上線條，解釋每個人如何彼此相連。

* **補充**：在圖上盡量放上人物、地點、事件、想法與其他因素，包括過去、現在與未來的潛在因子。只要你認為有可能影響情境或受到影響，全部放上去。至少要在圖上加進一個新的人物或情境面向，補充你先前沒想到有可能相關的人事物。

* **發揮創意**：畫出或寫下任何能夠協助你進一步理解情勢的人事物。你的地圖說出的情境故事，應該要不同於你過去的描述。

* **觀察**：看著你的圖。你的圖說出什麼故事？這個故事是否不同於你在前言的尾聲描述的衝突？你發現有哪些事在畫圖前沒有留意到？

下載練習頁，畫出你的衝突地圖：
jengoldmanwetzler.com/resource/conflict-map
（英文版）

練習3

✳

讓情緒成為你的助力

我們的感受是通往真知灼見的道路。

——奧德雷・洛德（Audre Lorde），
已逝美國作家、民權運動者

在動畫片《腦筋急轉彎》（*Inside Out*）中，11歲的萊莉（Riley Anderson）對於轉學後要交新朋友感到緊張。片中描述「樂樂」、「怒怒」、「驚驚」、「憂憂」、「厭厭」等萊莉的幾種情緒如何分工合作，協助主人翁走過人生階段的重大轉變。

《腦筋急轉彎》的電影創作人找上知名心理學家保羅・艾克曼博士（Dr. Paul Ekman），[1]請他協助挑選與精準呈現各種情緒。艾克曼博士的情緒研究始於1960年代晚期的巴布亞紐幾內亞，接下來五十年間範圍拓展至世界各地。艾克曼的開創性研究發現，[2]人類有五種共通的情緒，不受國家、民族、種族、宗教、

性別、年齡或任何其他文化或生物上的差異影響，包括喜悅（joy）、生氣（anger）、害怕（fear）、哀傷（sadness）與嫌惡（disgust）。近期的情緒後設研究顯示，[3] 各家研究普遍支持此一人類五大共通情緒的概念。

當然，這五種情緒各自還分成不同的狀態與強度。我和母親通電話時，永遠都訝異我的「不快」很快就爆發成「盛怒」，但只要想到這兩者都屬於「生氣」的範疇就懂了。我接起電話時感到不快，受不了母親說我兩星期都沒打電話。接下來，母親暗示我聲稱忙到沒時間講話是在說謊，我整個人跳起來。「妳以為，妳媽很好騙是嗎？」母親會吼我：「我知道妳有時間打給朋友！」

如同「生氣」包含從不快到盛怒等不同程度；「哀傷」分成從失望到劇痛；「害怕」這一項是不安到驚駭；「嫌惡」則包括不喜歡到怨恨；「喜悅」則是包括滿意到狂喜。此外，我們能夠一次感受到超過一種情緒，這五種看似簡單的情緒，交織出豐富的感受與表現，人類因此成為複雜的萬物之靈。[4]

從同理心到自覺

自從丹尼爾‧高曼（Daniel Goleman）提醒專業世界情商的重要性，[5]時代精神就此改變。對於他人的情緒狀態抱持同理心與敏感度，今日被正確譽為極度重要的商務技巧，實務上靠「積極聆聽」（active listening）來達成。

不過，本章的焦點不在於理解他人的情緒，我們要看你一般是如何體驗與表達你自己的情緒。此外，我們將特別帶大家看「生氣」這項情緒，因為衝突循環之所以會不斷延續下去，生氣扮演的角色遠大過其他情緒。

你可能會問：為什麼有必要了解自己的情緒，事情的癥結似乎通常是別人的情緒？答案是：或許是因為近年來，社會不斷強調要培養同理心，我輔導過的許多人士竭盡心力配合其他人的情緒狀態，最後忽略了自己的情緒。但是，若要了解他人的情緒體驗，你必須先找出與理解自己的情緒。如果你不了解自己的情緒，有可能是把自己的情緒投射在他人身上。問題同樣很大的另一種可能性，就是你把別人的情緒當成自己的。不論是哪一種情況，你都很難用真正有益的方式回應他人。

此外，雖然在當下激動時，你可能不這麼覺得，但是你能夠影響自身情緒體驗與表達的程度，其實遠勝過你能夠影響他人的程度。別人會有什麼體驗、如何表達，你其實真的管不著。**身處棘手的情境時，最能夠讓你脫身的利器，將是你有能力掌控自己的情緒，而不是試圖改變別人。**

讓你的情緒成為你的助力這件事，不包含壓抑情緒、擺脫情緒，也不包括自我審查為什麼會有那樣的

感受。你要找出你的情緒，承認你的情緒，讓情緒成為催化劑，帶來有建設性、能夠打破模式的行動。

　　各位在「最佳結果法」學到的所有做法中，這一項最為關鍵。**如果你無法利用自身情緒帶來具建設性的轉變，你不可能離開衝突循環。**

先天與後天的情緒影響

　　在我小時候，父親有一個綽號叫「喇叭狂」，因為他經常狂按喇叭，要其他駕駛別擋了他的路。在我的成長過程中，我因為坐在家庭房車的後座（以及身為我父親的女兒），從小目睹這樣的行為，長大後我同樣很容易在路上被惹惱。如果有人在公路上超我的車，我會整張臉漲紅，心跳加速，腦筋開始不清楚。如果我在回應前沒先暫停一下，我會和我父親一樣亂按喇叭。

　　雖然生物學影響著我們如何體驗與表達情緒，我們接收到該怎麼做的訊息也會帶來影響。舉例來說，我們在性格養成時期是經由觀察家人、老師、社群領導人物，以及整體文化中的角色模範怎麼做，學到該如何體驗與表達感受。年紀再大一點，某堂課、某個工作環境或社群文化等特定情境下的期待與常規，持續影響著我們。先天與後天的因素，一起影響了我們如何體驗與表達情緒。

情緒體驗

　　情緒體驗會在身心兩方面影響你的身體，範圍從「高強度」到「低強度」。舉例來說，高強度的生氣情緒體驗，會使你全身發燙、冒汗，滿腦子想的全是別人哪裡不對。低強度的生氣情緒體驗，可能使你喉嚨有一點發緊，有一瞬間想著這似乎不大公平。

高強度情緒

　　練習1提到的設計公司執行長哈維爾，一般以激烈的方式體驗到情緒。他喜悅時，感覺身體輕飄飄的，臉上掛著大大的笑容。回想起快樂的事，就會忍不住流下喜悅的眼淚。難過時，同樣也會熱淚盈眶，淚流不止，聲音顫抖，思緒集中在傷心事上。

低強度情緒

　　相較於哈維爾的高強度情緒體驗，全球性生物科技新創公司創辦人傑瑞德感覺生氣或喜悅時，雖然也發現到自己有情緒，但身體沒什麼太大的感覺，不大會出現相應的反應。他很少花時間去想自己的感受。

　　科學家發現，在極端的例子，有的人通常擁有極低的情緒體驗強度，一點也意識不到自己的情緒。被問到時，他們也說不出個所以然，而這種情況通常是創傷帶來的結果，當事人為了保護自己，不想再次體

驗原始的痛苦,所以讓自己遠離情緒。

　　然而,傑瑞德過去不曾有過創傷。此外,即使他的情緒反應不大,或是無法一下子說出來、需要想一想,他依舊說得出自己的感受。不少人和傑瑞德一樣,以低強度的方式體驗到情緒,有的人是天生的,有的人則是因為社會規範、創傷事件或幾種原因加在一起造成這樣的結果。

情緒表達

　　我們藉由感受與思考來體驗情緒,但是靠著採取行動與談論來表達情緒。我們表達情緒時,主要有兩個面向:具建設性的程度與表達的難易度。

具建設性的程度

　　你表達情緒的方式,將落在「高度具備建設性」到「高度具備毀滅性」之間。

　　如果你覺得生氣,具建設性的回應是和其他人聊你生氣的原因,具毀滅性的回應是對別人施加暴力。如果你感到哀傷,具建設性的回應是和其他人聚在一起哀悼,具毀滅性的回應則是自殘。如果你感到嫌惡,具建設性的回應是遠離令你不舒服的人事物,具毀滅性的回應則是挑釁你覺得討厭的對象。

　　哈維爾與鮑伯通常會以毀滅性的方式表達怒氣。接到怒氣沖沖的客戶打來的電話,他們會摔電話,接

著立刻打給被投訴的經理，大聲斥責，警告要是敢再犯，就回家吃自己。撂完狠話後，再度摔電話。

表達的難易度

你表達情緒的方式，也有一個從「簡單」到「困難」的光譜。

以剛才的例子來講，哈維爾與鮑伯很容易就能表達情緒，雖然是以毀滅性的方式。你可能同樣輕鬆就能表達情緒：喜悅時跳上跳下；開心時翩翩起舞；被恐怖電影嚇到會尖叫；想起過世的親友忍不住掉淚，流露悲傷的情緒。

相較之下，前文提到的全球性生物科技新創公司創辦人傑瑞德，以低強度體驗到情緒，不容易表達情緒。有一次，在開員工會議時，傑瑞德接到姐姐羅琳打來的電話，說父親剛才心臟病發作。傑瑞德和父親感情很好，但他接獲消息後，就繼續開會，完全沒對公司同仁提半個字。

同一週較晚一點的時候，傑瑞德終於告訴同事父親的事，大家嚇了一大跳，不敢相信傑瑞德就那樣在走廊上接完電話，然後繼續開會，好像什麼事都沒發生一樣。然而，那就是傑瑞德的典型反應：他很難表達情緒。

三種常見情緒陷阱

我們有時會落入三種情緒陷阱，至於是哪一種，要看每個人當下遇到事情時的情緒體驗與表達方式。不過，在這三種情緒陷阱中，我們落入其中一種的可能性，通常會高於其他兩種，原因除了與我們的童年經歷有關，也涉及我們周遭的文化規範認為該如何體驗與表達情緒。性別、民族性、宗教、種族會有不同的要求。

舉例來說，如果從小家中就以強烈的方式表達情緒，你很自然就能體驗與表達害怕、生氣或喜悅等感受。然而，如果你的家人是不談感受的類型，你可能無法輕易察覺到自己的情緒，或是當你感到害怕、憤怒或甚至高興時，會覺得讓別人知道很怪。

當你閱讀接下來這三種情緒陷阱時，請想想自己最可能落入哪一種。

膝跳反射陷阱

落入「膝跳反射陷阱」（Knee-Jerk Reaction Trap），指的是你依據情緒經驗立刻做出回應。這個回應源自你的杏仁核綁架大腦的其他部分；你一感受到危機，就立刻依據情緒記憶回應，沒仰賴較慢、較理性的額葉思考。舉例來說，每當有人沒照鮑伯的意思做，他就會立刻跳腳。此外，鮑伯通常以不留情面的方式表

達心情，而這通常會引發對方表達鮑伯認為「居然敢違抗」的情緒，比如莎莉的惡言相向。

你可以問自己，五種人類共通的情緒中，哪一種你通常有最強烈的感受、也最容易表達出來？我和鮑伯一樣，在這五種情緒中，我通常最容易體驗到與表達出「生氣」。各位則可能最容易體驗到與表達出喜悅、害怕或其他情緒。

悶葫蘆陷阱

當你掉進「悶葫蘆陷阱」(Inaccessible Emotions Trap)時，你內心有情緒，但其他人無從得知，通常連你自己都沒意識到。

舉例來說，傑瑞德很難探知自己的情緒，其他人因此通常很難知道他的感受，更是無從協助，因為他們根本不知道傑瑞德是否擔心、難過、生氣，或其實都不是。傑瑞德連自己的情緒都弄不大清楚，很難向他人展現同理心，更加讓人感覺有距離。

潛伏在暗處的情緒陷阱

艾蜜莉亞是報社記者，她通常會強烈體驗到情緒。然而，她的父母從小不贊同孩子表達情緒，當她或妹妹哭泣或抱怨時，她爸媽都會說：「小孩子嘴巴給我閉上，不准吵」，甚至就連表達開心都不行。

也難怪艾蜜莉亞成年後，即便強烈感受到情緒，

也難以直接表達出來。她有情緒，但不承認自己有。她感到開心時，一般不會微笑，也是最慢慶祝的人。她感覺強烈的憤怒時，也會極力掩飾。她的情緒通常會隱藏起來，但埋伏在暗處，等著有一天爆發出來。**被壓抑的情緒就是這樣，當我們並未有意識地表達情緒，它們通常會以有形的方式跑出來，而且是以我們不預期的形式。**由於艾蜜莉亞不習慣直接表達情緒，她不大能掌控情緒如何出現。特別是當她強烈感受到情緒時，最後必然浮出水面，有時帶來尷尬的後果。

某次開會時，艾蜜莉亞對同事大衛生氣。她認為，大衛故意不讓她爭取到好機會，她看著大衛，臉上無意間流露出不屑的神情。同事告訴艾蜜莉亞，她似乎對大衛不滿。她極力否認，說同事弄錯了、沒事亂講話，她根本沒有生氣，最後鬧到不歡而散。

就像艾蜜莉亞，你內心潛藏的情緒有可能背叛你。你試著隱藏情緒，情緒卻偷偷冒出來，導致你與他人溝通不良，發生衝突。

練習「暫停」

避免落入情緒陷阱的方法是採取兩種暫停，包括「主動暫停」（proactive pause）與「被動暫停」（reactive pause），緩一下，觀察自己的情緒。

如果你夠鎮定，意識到自己正在掉進情緒陷阱，你有機會主動暫停。你可以制止自己向對方做出反

應，暫停下來休息一下。你可以悄悄在心中這麼做，或是大聲說出來。舉例來說，如果你是在和董事長談話時感覺困住了，最好是在心中偷偷暫停一下。你可以默默數到 10，放慢呼吸，開口前先冷靜一下。

如果你是在朋友、家人或信任的同事面前感覺困住了，你可以請對方暫停一下，休息一會兒，減少一點壓力。

我的好友溫蒂是這方面的高手。我們兩人經常一起合作客戶的案子。我們在講電話時，她偶爾會要我等一下，打斷自己，安靜個幾秒鐘，留意身體發生的事，例如胃部是否緊縮、喉嚨是否有點緊等等。我們在討論問題或決定時，溫蒂以這樣的方式找出當下體驗到的感受。

我得承認，溫蒂最初這麼做的時候，我不懂為什麼她好像常有插播的樣子，我不得不掛斷電話。然後有一天，我發現她不是在接別人的電話，她是在聆聽自己的身體說話！

我很感謝溫蒂能夠這麼做。首先，這大概讓我們雙方都省下無數小時的生氣時間。她中場休息一下，在開口前，先釐清自己真正想說的話。第二，溫蒂暫停，我也得以跟著暫停。幾秒鐘的沉默，足以讓我反省自己，想想我希望給出的回應。暫停一下，讓我能以正面的方式對待我們的關係，帶來我們樂見的結果。

不過，主動暫停並非萬無一失。這件事有難度，

尤其是如果你屬於通常會落入「膝跳反射陷阱」或
「潛伏在暗處的情緒陷阱」的類型。你的情緒體驗強
度愈高，暫停的好處也就愈多，但首先你也會很難暫
停。你的情緒強度可能大到掩蓋理智，很難中場休息
一下。

我個人有過這方面的多次親身體驗，尤其是在生
氣的時候，我不斷重複出現膝跳反射反應，感覺無力
阻止。

我和客戶與學生一起合作解決困境二十年後，我
發現每天都主動暫停有幫助，甚至就連似乎沒必要暫
停的時刻也一樣——其實，在這種時候暫停一下，反
而特別有幫助。

熟能生巧。如果能在並未體驗到棘手情緒或未
與他人互動的時刻，就多多練習暫停，你實際上與他
人面對面、感覺棘手情緒正在湧上來的時刻，就愈有
能力暫停。主動暫停一下的練習，可以是在搭火車時
神遊，或是刻意把手機留在家中，獨自在公園散步散
步，你也可以靜坐5分鐘。

**練習的頻率比時間長度重要，主動暫停只需要
一剎那的時間。**自從十多年前，我去柬埔寨旅遊時第
一次拍下佛陀的照片，我的電腦桌面相片就一直是佛
像。每當我切換電腦應用程式，看著佛像讓我得以暫
停一秒鐘，在忙碌的一天中觀照自己的感受。

正視自己的情緒

　　不論你是否原本就每天練習暫停，或是才剛開始，你都可以利用主動暫停時間接受自己有情緒，說出那是什麼樣的情緒。如果你和大部分的高成就專業人士一樣，接受相關的專門訓練會有好處。我們都承受著「快點做事、快點做事、快點做事」的龐大壓力，挪出時間靜下來反思，感覺像在反抗 —— 帶來解放。

　　去年夏天，我有過那樣的明顯感受，我決定到新罕布夏州的白山山脈（White Mountains）暫停四天。我每季向來都會休息一下，自我反省，但通常只會放下客戶與親職24小時或48小時，那是我能安心離開的最高極限。即便只是暫時離開那麼短暫的時間，我有時會因為罪惡感而心神不寧。

　　那趟旅程不一樣。那次我的孩子都在要過夜的營地，先生全心投入工作的大專案，客戶也都去度假了，或是覺得應該好好休息一下。我得以在沒有罪惡感的情況下，好好地在四天之間，與大自然和自己的情緒交流。我背著十幾公斤重的背包，帶了一本Moleskine的小筆記本，決定讓情緒跟著風景走，每出現一種情緒就記錄下來。

　　我碰上的最大的挑戰是讓記事本保持乾燥，因為整整下了四天的雨。有時是毛毛雨，有時是傾盆大雨。儘管如此，我浮現的最主要的情緒是喜悅與滿足

感。我開心能夠獨自一人；每抵達一個山頂，就在疊石堆上加一塊石頭；我在二十歲出頭的青春歲月，曾在白山山脈度過許多愉快的週末，我重返那裡呼吸新鮮空氣。

我的念頭飄向阿姨。阿姨過世前，就像我的第二個母親。我還想起了同樣也過世的舅舅。兩人都死於癌症，中間相隔十年。我突然感到一陣哀傷。我觀照這個感受，繼續健行。沒多久，哀傷的感受消失了，滿足感重新出現，但緊接著是驚慌，因為正當我緩緩走上山崖的陡峭處，天空看起來不大妙，好像馬上要下大雷雨了。我聽見內心恐慌的聲音叫我快點掉頭，但我實事求是——那個聲音，就只是個聲音而已。我告訴那個聲音，我聽見訊息了，我要那個聲音別擔心，我會持續關注天上的危險訊號，繼續前進。

預期中的大雷雨一直沒出現，恐懼消退，喜悅重返。

我離開山區時再次想起，當我們停下來感受情緒時，情緒其實和天氣一樣瞬息萬變。多練習正視自己的情緒——允許情緒冒出來，接受有這回事，情緒就會消散——碰上情緒掌控我們的時刻，我們就愈能夠鎮定自如。

讓情緒沉澱下來

承認自己的情緒後，該做什麼？

著名的越南一行禪師打過一個比方：[6]你人在沙漠

時，眼前有一杯泥水，你想喝水，但泥巴讓水一片混濁，此時該怎麼辦？

你等著泥巴沉澱下來，就能喝到乾淨的水。

一行禪師說，情緒也是一樣。**你不必試著拋開、改變或檢視混濁的情緒狀態，讓情緒沉澱一下，看看會發生什麼事。原先的混亂，通常會出現更具建設性的東西。**

幾年前，我聽從一行禪師的建議。那次的情況大概許多職業父母都碰過：我女兒的夏令營剛結束，學校還沒開學。我和先生隔天都必須到市區工作，我們已經事先請保母過來陪女兒了，但我寄簡訊確認時，保母回覆她不知道我們明天需要她，她已經有其他安排了。

我看到那則簡訊時瞬間火冒三丈，感覺血液衝上脖子和臉頰，心跳加速。我氣自己告訴老公夏令營的結束日期時沒講清楚。我氣先生為什麼沒有好好向保母溝通我們的需求。我也氣保母居然不能過來，簡訊還寫得那麼理所當然。

由於我通常在跑步時心情會變好，有辦法想出好點子，所以我決定去跑步。然而，我跑完後依舊餘怒未消。

接著，我想起一行禪師的建議，不確定可不可行，但我在蒲團上坐下，什麼都不做，只是坐在原地，看著擺在臥室迷你冥想角落的幾張照片。

　　五分鐘內，我感到一股正能量蓋在我身上。我完全冷靜下來。我想起我們全是能幹、有創意的人，一定可以想出辦法。

　　我從蒲團上起身，拿起手機，打算寫簡訊給先生，一起商量隔天的行事曆。螢幕上是保母寄來的新簡訊：

　　抱歉，我看錯行事曆了，我明天會到。

　　這則故事要講的不是每當你沉澱怒氣，就會出現神奇的簡訊告訴你，事情解決了。我要講的是，讓泥巴沉澱的時間可能沒有想像中長，也沒有表面上那麼複雜。

　　我當然也知道讓情緒沉澱不一定容易，尤其是如果你體驗到的是高強度的情緒。萬一暫停過後，你依舊心情不好，此時該怎麼辦？

問情緒嘗試告訴你什麼事？

　　請試著了解自己的情緒，如同老友來拜訪你，你詢問近況一樣。

　　電影《腦筋急轉彎》中，[7]代表著五種核心情緒的每一個動畫角色，都有著獨特的性格、長相與聲音。

　　「怒怒」這個角色是個大塊頭，長得方方正正，有著火焰般的紅色身體，聲音粗魯，不留情面。

　　「驚驚」瘦瘦高高，身體是淡紫色的，有著神經質

的尖銳顫抖嗓音。

「憂憂」是藍色的，身體圓滾滾的，眼睛也圓圓的，眼皮下垂，講話慢吞吞，缺乏抑揚頓挫。

你的情緒長什麼樣子？聲音聽起來怎麼樣？帶來什麼感受？甚至聞起來像什麼？

就像我在新罕布夏州的登山步道上一樣，請試著和你的情緒聊一聊。

如果你感覺在公開場合做這種事很笨，那就在腦海裡對話，或是找個安靜的地方獨處，說出：「哈囉，驚驚，你試著要告訴我什麼事？」

接著，請你仔細聆聽答案。（萬一你很難想像自身情緒的外貌與聲音，沒關係，它們的性格會在答案中顯現出來。）

你的情緒試圖傳達的訊息，通常是下列幾種。

怒怒說：「這樣不對，一定得想辦法改變。」

驚驚說：「前方有危險！」（真的有危機或你覺得有。）

憂憂說：「我失去東西了。」

厭厭說：「這樣不好。」

樂樂說：「哇，這太棒了！」

在我當教練的生涯中，最出乎意料、情緒強度最強的一次，當事人是職場女王布利安娜。法律事務所送布利安娜去上領導發展課程，我是那個課程的教練。布利安娜正在努力成為合夥人——或是在我遇見她之前的幾個月如此。

　　我在課程中負責檢視學員的360度回饋，協助他們評估與擬定改變計畫。布利安娜屬於高成就的A型人格。她告訴我，她一輩子不曾拿過不好的績效報告，也因此這次的360度回饋數據出爐時，她嚇了一大跳。同事提出重大關切，回報布利安娜的專注度與工作幹勁下降。布利安娜變得不像自己，開始弄錯細節，開小組會議心不在焉。初階員工提到，布利安娜突然變得喜怒無常，他們會倒霉掃到颱風尾。多份360度回饋報告的開頭寫著：「自從布利安娜回來工作後……。」

　　我們坐下來討論布利安娜拿到的回饋報告。我問她大家說的「回來」是什麼意思？布利安娜講出令人心碎的故事。她原本即將成為新手媽媽，但六個月前，她在漫長的痛苦生產過程中生下死胎。她利用原本請好的育嬰假哀悼夭折的孩子，命名為艾瑪。她給我看手上的戒指，上面刻著艾瑪的名字與出生日期。布利安娜提到，身旁的人無法理解她對於這個未能活在世上一天的孩子情感有多深，她在重新站起來的過程中因此感到很孤單。

　　她坦承，如今重返工作崗位，她感覺回來工作竟然意想不到這麼難。布利安娜懷疑自己對事務所還有沒有心，甚至還想不想從事法律這一行。她過去喜愛的工作，如今令她感到無聊又瑣碎，她的沮喪感有時會變成對身邊的人發脾氣（這點在360度回饋報告中

被清楚點出），她感到很愧疚。

「這麼多年來，我拚了命工作，到頭來該不會只是替自己打造出錯誤的職涯？」布利安娜垂頭喪氣地問我，轉動手上的戒指。布利安娜考慮是不是該辭職與轉行，甚至重返學校讀書。

我直覺感到布利安娜在工作上碰到的問題，既不是入錯行，也不是選錯公司，而是原本正該處於人生中的幸福時光，卻在育嬰假變喪假後強迫自己回去工作，但那三個月的假，根本就不夠哀悼她的巨大損失。布利安娜向來是兢兢業業的工作狂主管，沒意識到自己還在難過，或許她尚未準備好重返工作。

我決定向布利安娜確認這樣的可能性。「我問妳一件事，」我柔聲問道：「妳休那三個月的假夠嗎？」「三個月，是否提供了妳需要的難過時間？」

布利安娜抬頭看著我，眼睛瞪得大大的，眉毛提高。「不夠，絕對不夠，但我擔心我永遠不會有恢復到能夠回去工作的一天。我的意思是，都三個月了，也該振作了吧？但現在都已經過去六個月了，我依舊幾乎和生下艾瑪的那天一樣難過。真的會有好轉的一天嗎？」

我們坐在那，我感覺心底深處湧出悲傷。我注意到布利安娜不曉得該如何解讀自己的經歷。我也聽到她擔心事情永遠不會好轉。我們一起度過心情沉重的一刻，但我沒忽視那個感受，也沒推開。我決定順其

自然，觀照我的難過。我知道我的職責不是減輕布利安娜的痛苦，而是當個見證人。

布利安娜突然頓悟。她發現，她的損失遠比預期或希望的還要大、還要痛苦。她聽見自己回答我的問題，開始允許自己繼續停頓與哀悼。

布利安娜留意到情緒傳達給她的訊息，問上可能不能請無薪假，等她完全好了再回來？公司准假。

再次休息，不但對布利安娜本人與她的家人有好處，也挽救了她與同事、法律事務所之間的關係。布利安娜最後決定不需要重啟職業生涯，因為擊垮她的不是工作本身，而是她的憂傷與疲憊。等她感覺重生後，她在幾個月後重返工作崗位，一年內就升為合夥人。

採取有建設性、打破模式的行動

在你正視自己的情緒、聆聽情緒試圖告訴你的事之後，接下來要採取有建設性的行動。

當你感受到怒氣，想想美國民權鬥士如何處理憤怒，你覺得金恩博士（Dr. Martin Luther King, Jr.）一生不曾生氣過嗎？

或是，他想過要擺脫怒氣嗎？

他是否假裝不曾發生過不公不義的事？

他是否靠暴力行為來發洩？

沒有，這些事金恩博士全都沒做。

金恩博士承認自己生氣，讓憤怒成為社會改革

的催化劑，打破美國當時的互動模式。當時的民眾對於缺乏民權的問題，靠暴力來表達憤怒，或是束手無策。金恩博士不一樣，他採取了具有建設性、打破模式的行動。

金恩博士說出黑人同胞受到的不公平壓迫：「我們的民權遭到侵犯。」

金恩博士投身於正義的理想。

此外，他明確要求每一位美國人平等對待所有人。

雖然金恩博士的籲請至今尚未完全實現，他說出他人的行為造成的影響，不屈不撓地提出請求，最後讓美國社會出現轉變。金恩博士促進過去半世紀來的民權進展，相關效應迄今還在發酵。

生氣——或是其他任何情緒——本身沒有好壞之分。你如何處理怒氣，將決定怒氣會成為什麼樣的催化劑，看是帶來有建設性的改變，或是玉石俱焚。

由你決定。

革命以外的建設性改變

你不必成為下一個金恩博士，也能採取打破模式的行動。還記得傑瑞德嗎？那位經常落入「悶葫蘆陷阱」的生物科技新創公司創辦人？他學著讓怒氣帶來有建設性的行為。

有一天，傑瑞德發現對手想挖走團隊裡的明星員工惠妮，開出兩倍的薪水。他第一次聽到這件事的時

候，心中一沉。他承認自己感到生氣，對手的創辦人居然想挖走惠妮，那個人他也認識。此外，傑瑞德坦承，他也氣惠妮居然考慮接受。

傑瑞德的新創公司團隊文化尚在打造之中，還很脆弱。他擔心失去惠妮這個人才，萬一她離開了，團隊的士氣會大受打擊。如果不妥善處理這件事，或是眾人感覺他以奇怪的態度對待惠妮，對他、對團隊的其他人來講，都將帶來負面的結果，有可能導致更多人出走。傑瑞德承擔不起這樣的後果。

傑瑞德得知挖角消息後到外頭散步，思考該如何回應。他回到辦公室後，頭腦變清楚了，要求見人事部主管，接下來兩天一起商討如何回覆惠妮。他們開出新的薪酬條件，惠妮最後拒絕了老東家，選擇加入對手的公司。雖然失去惠妮令傑瑞德感到失望，他仔細寫好一封電子郵件寄給團隊，解釋發生了什麼事，請他們協助公司一起度過難關。

由於他打破了過去的模式，正視自己的情緒，進而採取有建設性的行動（例如：注意到自己在生氣，並在經過思考後，向其他人提出請求），雖然團隊依舊失去惠妮，士氣並未受到打擊，也沒有像他原本擔心的那樣，引發紛紛離職的連鎖反應。

觀察別人的道路
（但不必替他們扛責任）

即使你正視、聆聽自己的情緒，並且採取有建設性的行動，別人不一定有辦法做到同樣的事。這是生活中免不了會發生的情形，碰上了就知道，例如：孩子大吵大鬧、另一半氣急敗壞、老闆暴跳如雷。

想要不受這類情境影響的關鍵是：理解其他人的情緒表達，雖然看似是衝著你而來，是你說的話、做的事激起的反應，但事情不止與你有關。事實上，在大部分的時候，其他人的情緒表達，根本不是針對你個人。

如果你回應他人的時候，表現得像是他們的話、他們的行為主要與你有關，這代表你沒有真正理解一件事：他人的情緒表達，其實源自於他們自己的情緒陷阱，來自他們過去發生過的事，包括他們的文化、國家和宗教背景，以及他們被帶大的方式。

就算別人對著你用挑釁或引發衝突的方式來表達情緒，只要你想到他們只不過是在重演他們自己的經歷，你就能學著減緩緊張的情勢。

他人的情緒是他們的

有的情緒來自你自己的體驗，有的來自別人的體驗。區分不同來源的情緒，是不容易學會的技巧，但

是十分關鍵。方法之一是：當你和其他表達強烈情緒的人共處一室時，稍微暫停一下，看你能否發現他們正在走過與你不同的情緒體驗。即使他們是因為回應你說的話、做的事而表達某種情緒，他們因為自身而起的情緒，終究是他們自己的事。**你可以選擇待在他們的身邊，當一個傾聽他們說話的朋友或同事，但不需要把他們的情緒當成自己的**。你要挑戰自己，把他人的情緒留給他們自己，讓他人的情緒待在該在的地方。

辨識其他人的情緒表達

每個人理解世界的方式，要看自身的經歷與濾鏡。你不是別人，無法確切知道他們走過什麼樣的情緒歷程，也不曉得他們的意圖，但你依舊可以問自己，他們似乎在表達五種共通情緒中的哪一種？你可以暫停一下，依據你的觀察好好推測。

他們是如何表達或不表達自身的情緒？他們看起來是以具建設性的方式表達那些情緒，還是玉石俱焚？他們是否輕鬆就表達出情緒，還是很難表達出來？

在三種情緒陷阱中，他們似乎特別容易掉進哪一種──「膝跳反射陷阱」？「悶葫蘆陷阱」？「潛伏在暗處的情緒陷阱」？他們是否現在正在那個陷阱當中？怎麼說？

讓別人的情緒回到他們身上

　　雖然你無從確知其他人的內心正在經歷什麼，但是你可以和他們分享你的理解。記得要用簡單、有建設性、有情商的講法，給對方空間確認你說得對不對。如果情況合適，你可以向他們確認你是否正確。通常只需要簡單觀察與發問，就能夠帶來幫助，例如：「哇，你好像很不高興，對嗎？」，或「嗯，你似乎很難把感受說出口，是不是？」

　　同樣地，要是真的感覺合適，你可以說一些話鼓勵他人表達出來，例如：「如果你不會覺得不舒服，我很願意了解你發生的事。」但是，千萬不要覺得有壓力非得這麼做不可。記住，你的目標是留意他們可能發生什麼事，把情緒體驗重新引導回他們身上，回到該在的地方。

　　回想一下練習1塔拉的例子，她在哈維爾的設計公司上班。我們合作後，塔拉坦承，她與哈維爾多年來一直處於不健康的衝突模式。哈維爾會發洩怒氣，而她則是悶在心裡。有時，哈維爾的怒氣會讓她一躲就是好幾天，無法共處一室，直到覺得做好心理準備。

　　然而，塔拉學會了分開自己與哈維爾的情緒體驗與表達，讓哈維爾的情緒回到哈維爾身上，於是得以打破兩人舊有的衝突模式。有一天，哈維爾生氣某份重要的銷售簡報投影片不符合他的期待，開始連珠

砲羞辱塔拉,但這次塔拉沒有和往常一樣慚愧地低下頭,而是改成鼓起勇氣,讓哈維爾的情緒回到該在的地方——那是哈維爾的情緒,不是她的。

塔拉說:「哈維爾,這讓你看起來好激動。發生什麼事了嗎?」

塔拉的回應,讓哈維爾不知如何回應——但是,是好的那種,尤其是他不習慣有人指出他行為不當。塔拉點破時,哈維爾瞬間停了下來,有點尷尬,喃喃自語:「我也不知道。反正這份投影片不是我想的那樣,我們需要重做。」

哈維爾停止破口大罵後,眾人就有辦法找出如何修改投影片,工作不因為哈維爾的強烈情緒而停擺。

好了,我們已經看完情緒是如何讓你一直陷在衝突循環裡,而你其實可以讓情緒反過來成為你的助力。接下來,探索你的價值觀的時間到了——找出你在人生中真正在乎的事,是如何讓你困在衝突循環裡。下一章會談你可以如何從價值觀著手,打破衝突循環。

重點濃縮

* 我們體驗情緒的方式包括思考情緒,以及生理上感受到情緒。我們的情緒有一個從高強度到低強度的光譜。

* 我們表達情緒的方式是採取行動與談論情緒。此外,表達情緒可以從兩個面向來看:具備建設性的程度與表達的難易度。

* 你體驗與表達情緒的方式,可能讓你容易落入「膝跳反射陷阱」、「悶葫蘆陷阱」或「潛伏在暗處的情緒陷阱」。

* 不再輕易落入情緒陷阱的方法,就是停下來反省自己的情緒體驗,讓情緒沉澱下來。問問自己,情緒正在試圖傳達什麼訊息給你?接著,依據那些訊息,採取有建設性、足以打破模式的行動。

* 如果其他人表達情緒的方式造成你的困擾,請記住那是他們的人生經驗在說話。即便他們是在回應你說的話或做的事,他們的情緒表達是他們的,不是你的。

* 留心觀察與詢問他人發生什麼事,把他們的情緒表達從你身上送回他們身上,那是他們的情緒該待的地方。

換你練習

讓情緒成為你的助力

* **暫停**：承認你有情緒，正視你的情緒，並說出那是什麼情緒。你可以定期主動暫停，也可以在感受到情緒升起時被動暫停。

* **沉澱**：讓你的情緒沉澱。了解你的情緒，就好像他們是來訪的老友一樣。你的情緒有著什麼樣的樣貌、聲音、觸感，甚至氣味？

* **問自己**：你的情緒試圖傳達什麼訊息給你？

* **行動**：依據情緒傳達給你的訊息，你可以採取什麼樣的有益行動，不同於以往的做法，據此打破過去的衝突模式？

你可以造訪艾克曼博士的「情緒地圖」（Atlas of Emotions）網站，進一步了解五種情緒與相關狀態。那是我見過最優秀的情緒介紹，達賴喇嘛也贊同：

atlasofemotions.org

做一下線上測驗，找出你容易落入的情緒陷阱：
jengoldmanwetzler.com/assessments/emotion-traps-
assessment（英文版）

✳

尊重「理想價值觀」與「陰影價值觀」──你的與別人的

> 每個人都有陰影。陰影愈少在個人的意識生活中現形，就愈陰暗。陰影會在各方面形成無意識的障礙，阻擾我們最良善的美意。
>
> ──卡爾‧榮格（Carl Jung），分析心理學創始人

大部分的人直覺就知道，除了我們對世界呈現的個人形象，每個人其實還有很多面向──很多很多。榮格的整個心理學派便是建立在這個概念上。他將公眾版的我們定義為「自我」（ego），接著探討我們一直隱藏的部分，甚至對自己隱藏，榮格稱為「陰影自我」（shadow self）。依據榮格的理論，「自我」與「陰影自我」之間的衝突，幾乎是外在世界中存在的每一個衝突的核心。傷口要能癒合的話，必須允許

「陰影自我」出現在意識裡，加以接納與傾聽，不能因為感到羞恥而驅逐這個自我。榮格稱這樣的過程為「個體化」（individuation），相當接近我們在本章要做的練習。

每個人在一生中，都會發展出獨特的「價值觀指紋」（values fingerprint），不過這種指紋不同於真正的指紋，不是恆久不變。價值觀指紋會隨著我們的人生經歷產生變化。我們如何回應從身邊的人那裡學到的價值觀，同樣會帶來影響。

某些價值觀被刻意灌輸給我們。如果你在信仰基督教的家庭中長大，父母會引用《聖經》上的句子：「愛鄰如己」，教你關心他人很重要。如果你參加體育團隊，教練會傳授忍耐的重要性，在你打算放棄時大喊：「繼續！」

其他價值觀則是未經言傳，在潛移默化中傳給你，例如我就是這樣從家人身上學到要節儉。我的祖父母剛新婚沒多久，就被迫逃離納粹占領的歐洲，身無分文抵達紐約市，從頭建立新生活。夫妻倆努力省吃儉用，從舊容器、紙張一直到錫箔紙，重複利用每一樣物品。他們節儉到儘管多年從事低薪工作，依舊有辦法送我上大學，不必擔心學貸的事。祖父母不曾開口要我節儉，但我絕對得到他們的身教。

如果是在不知不覺中學到的價值觀，我們不一定會意識到那些價值觀在我們心中的分量與成因。此

外，我們有可能不清楚自己有哪些價值觀，因為我們刻意不去想那些事，我套用榮格的用語，稱這種價值觀為「陰影價值觀」（shadow values）。陰影價值觀不同於「理想價值觀」（ideal values），如果是理想價值觀，我們會自豪地公諸於世。陰影價值觀則令我們難以啟齒，就連面對自己時，都假裝沒有這回事。**由於我們不承認陰影價值觀，通常沒意識到陰影價值觀造成我們講出某些話、做出某些事，導致衝突惡化。**

究竟是什麼樣的原因，造成我們把部分的自己藏進陰影裡？

價值觀如何被地下化？

我們會把價值觀藏進陰影的原因，在於我們聽到好壞參半的評價。舉例來說，我從小念的是紐約布朗克斯公立體系的學校，在這樣的體制下，拚命和同儕競爭的學生才能出頭。我如果要進入大家擠破頭的好高中，就得在14歲的年紀，在全市的考試中拿到前1%的分數。我下定決心做到。進了好高中後，我繼續努力，成績好我很高興，碰上激烈競爭不免帶來的低潮時，我也想辦法度過。幾年後，我進了新英格蘭區的私立大學，離開物競天擇的布朗克斯。開學後沒多久，英文教授把我叫到一旁，說我好勝心太強，過度與同學競爭。教授的話，讓我感到很丟臉，我急著想融入團體，開始隱藏對競爭的熱愛。然而，樂於競爭

是我的本性，競爭帶給我優勢，我知道當初就是因為我擅長競爭，才有辦法進入理想的學校。

所以，後來發生什麼事了？我開始戴著面具做人，隱藏競爭心。我念研究所時申請了全美獎學金，但沒告訴任何朋友或同事這件事。此外，如果有人提到我很愛競爭，我會覺得被攻擊、極度尷尬，甚至感到丟臉。多年後，我才明白這樣的陰影價值觀會引發情緒波動，進而導致與他人發生衝突。

不過，社會上那些導致我們把價值觀藏進陰影裡的聲音，通常不會像我的教授那樣，直接把我叫去明講我太愛競爭。舉個例子來說，我的同事麥克斯先前進入某間全球企業擔任初階顧問後沒多久，跟著公司備受景仰的合夥人去拜訪潛在的客戶。麥克斯興奮地問前輩：「我們贏得這筆生意了嗎？」合夥人回答：「我們並未『贏得』生意，但我們確實獲得服務客戶的機會。」雖然合夥人沒明講，麥克斯聽懂了，價值銷售很重要；公司最重視的是服務客戶。那次之後，麥克斯就竭力隱藏對成交的熱情。公司如果有人提及他的客戶簡報太重視銷售，麥克斯會感覺被指著鼻子罵，尷尬萬分。

某甲的理想價值觀，某乙可能感到羞恥

我們一般不願承認陰影價值觀，因為我們覺得羞恥，但想像不到的是每個人眼中的陰影價值觀很不一

樣。某人感覺明顯是「好的」或「理想的」價值觀，在其他人眼裡可能是陰影價值觀。

怎麼可能會有人自豪其他人感到羞恥的價值觀？原因出在社會制約作用（social conditioning）的差異。哪些事可以接受、哪些事不能接受，每個家庭傳達的訊息不一樣，每個社群不一樣，每個組織也不一樣。

我的客戶瑪西亞和她的父親一樣，重視要能設定自己的工作時間與工作日，也因此對瑪西亞來講，獨立是理想價值觀。我另一名客戶雅克柏則在大家庭成長，家中的倫理規範是家裡的事全家每一個人都得出動。雅克柏因此學到希望獨立是自私自利的行為，即便他其實心中偷偷想做自己的事；對雅克柏來講，獨立是陰影價值觀。

找出你的理想價值觀

不論令你痛苦的情境是什麼，為了打破過去的衝突模式，首先你必須找出自己的價值觀。如果你不曾想過自己有哪些價值觀，或是已經有好一陣子沒有想過這個問題了，你可能很難明確講出來。本書附錄 1 提供的「價值觀清單」，雖然只舉出部分的例子，依舊是相當實用的工具。[1]

找出價值觀除了是動腦的練習，也是情緒練習。請讓你的直覺引導你。看一遍「價值觀清單」，心中想著你的衝突情境，在你有感覺的前十大理想價值觀

旁打勾。哪些是理想價值觀很容易判斷，就是你會自豪說出你在乎的事。本書提供的清單刻意放進多種類型的價值觀，別擔心，只要看一遍，在你特別有共鳴的項目旁做記號就可以了。

由於價值觀一般看起來與美德有關，你可能難以抉擇。然而，列出冗長的價值觀清單用處不大，找出你感覺最重要的幾項就好。找出十大理想價值觀後，再度縮小範圍，在最重要的二到六項價值觀旁標上星號。我在課堂上請大家做這個練習時，一般不到15分鐘，就能找出自己的理想價值觀。

找出你的陰影價值觀

依據我輔導過無數主管與學生的經驗來看，找出自己的陰影價值觀不是特別困難。大部分的人即使不大願意承認，其實直覺就知道自己有哪些陰影價值觀。

想一想有哪些你重視、但不好說出口的事。

如果想不出來，那就回想某次你感到蒙受不白之冤的經驗。就算你不曾承認某項陰影價值觀，那項價值觀依舊一直都在，只是被塞在心底很深的地方。這些陰影價值觀通常會無意間出現在我們說的話、我們做的事，其他人因此以我們沒料到或不喜歡的方式回應我們的行為，甚至控訴我們做了自己根本就沒意識到的事。

舉例來說，我感覺母親冤枉我，說我自私自利，

只顧自己，才會不接電話。雖然她不曾直接說出這幾句話，我覺得她就是這個意思。例如，她會說：「可是妳就有時間打給朋友！」我問自己，我因為擁有什麼樣的價值觀，才導致自己認為母親在控訴我？我得承認，我需要自主權，我需要畫出有時會惹惱母親的界線。賓果！自主權。我重視自由，我的時間要如何運用是我的事，但承認這件事令我感到不安，因為我接受的教育要我把別人的需求和偏好放在前面。

如果你實在很難承認自己重視某個陰影價值觀，你可以這樣想：在某個地方，大概有某個人因為接收到不一樣的訊息，理直氣壯地把那個價值觀當成理想價值觀。

在我的課堂上，學生通常輕鬆就能找到一、兩個自身的陰影價值觀。請找出以你正在煩惱的情境來講，最相關的一到兩個價值觀，在旁邊打勾。

我們內心的衝突，以及該如何處理

想要跳脫與他人的衝突，關鍵是留意自身各種價值觀之間的緊張關係。內在的衝突通常會導致我們在碰上事情時，看不清楚自己要什麼，因此也不可能清楚讓別人知道我們的需求。我們連自己都不知道自己要什麼了，別人怎麼有辦法提供？了解自己的價值觀後，才知道究竟需要朝什麼方向努力，也才能知道要拜託別人哪些事，以具有生產力的方式前進。

你的陰影價值觀與理想價值觀之間的拉扯

　　回顧練習2的鮑伯，他憤怒莎莉居然拒絕減薪，感覺她只顧自己的利益，沒替公司著想。莎莉寧可毀掉兩人之間的友誼，害他在創投投資人面前難做人。

　　鮑伯這種不信任的敵對態度，導致雙方開始冷戰，已經好幾週講不到一、兩句話。由於兩人無法有效處理客戶的專案，公司蒙受很大的損失。此外，兩人的私人情誼也受到傷害，公司的辦公空間又小，相處起來極度尷尬。鮑伯與莎莉的行為，同樣帶給其他同事很大的壓力，尷尬氣氛讓兩人無法有效管理公司，事情雪上加霜。

　　事情嚴重到鮑伯開始想，或許唯一的另一條出路是：開除莎莉。

　　我要鮑伯先別衝動，花幾分鐘把焦點擺在自己身上。他的哪些價值觀正在影響莎莉的事帶來的感受？

　　鮑伯回想自己在軟體開發領域的「成長」背景。他發現，這個領域高度重視合作，他多年間被灌輸的觀念是，如果想在軟體界成功，就必須被視為願意合作的領導者。鮑伯天生的性格是獨斷，有指揮他人的強烈欲望，但他注意到文化訊息告訴他獨裁並不「酷」。於是，他重視「合作」這個理想價值觀，藏起愛好權威的性格。然而，鮑伯是執行長，他不願意承認自己的權威性格的結果，就是每當有人做的事令他

感覺藐視他的權威——例如以這個例子來講，莎莉不願意討論獎酬制度——鮑伯的權威需求就會偷偷跑出來，而且通常是以於事無補的方式，例如：向莎莉提出無理的要求，對著她大吼大叫。

鮑伯也注意到，另一個陰影價值觀也導致他和莎莉起衝突：對鮑伯來講，他本人和公司的財務穩定性，正在成為當務之急。然而，對於穩定的渴望，也和鮑伯勇於冒險的理想價值觀有矛盾。鮑伯心中有一個小小的聲音一直在說：「你和你的父親與哥哥一樣，你擁有創業精神，你願意冒險。財務穩定不該是你關心的事。」鮑伯不理會自己關切財務穩定的問題，也因此沒有注意到這點造成他對莎莉心生不滿，反過來把莎莉看成貪婪成性，害他和公司陷入財務不穩定的窘境。

事實上，就和鮑伯一樣，我們有可能留意到別人出現我們排斥的價值觀。換句話說，我們把自己的陰影價值觀投射到他人身上。投射是一種心理過程，我們對抗自己的陰影部分，為了保護自己，否認有那個部分，就推說是別人那樣。**我們不以陰影價值觀為榮，於是保持距離，而投射到他人身上，得以讓我們維持對自身的正面觀感。**

鮑伯指責莎莉貪婪，藉此保持距離，但實際上他的行為和莎莉是一樣的。鮑伯對於尋求財務穩定感到不好意思，因此把這件事藏在陰影裡，接著投射到莎

莉身上。

碰上這種事的時候，能夠怎麼做？

❶承認自己的投射

你是否為了與你並不自豪的陰影價值觀劃清界線，無意間把自己的陰影價值觀投射在其他人身上？

鮑伯承認自己說莎莉貪心，或許是在投射——能夠做到這點絕對不容易。鮑伯看出自己這麼做是為了減輕恐懼，他感覺自己不該那麼渴望財務穩定。

❷留意張力

陰影價值觀與理想價值觀是一體兩面。我們公開承認理想價值觀，但內心有本質上與那個價值觀相左的陰影價值觀。我們在發展的某個時間點，一般會學到為了堅持理想價值觀，就不能擁有陰影價值觀。然而實際上，理想價值觀與陰影價值觀彼此穩定處於張力之中，時間通常非常長。

在你能夠採取任何有效行動之前，先簡單留意到張力的存在就好。

以鮑伯來講，他發現自己的「權威」這項陰影價值觀，與「合作」這項理想價值觀起衝突；「財務穩定」這項陰影價值觀，與「創業要勇於冒險」這項理想價值觀起衝突。

❸尋求「兩者皆是」

我們通常會把價值觀想成互斥，但實際上是「兩者皆是」，我在輔導時稱為「兩者皆是原則」（both/

and principle）。你的陰影價值觀與理想價值觀可以如何共存？我與鮑伯討論「兩者皆是原則」後，他了解不必把「願意冒險」與「關心財務穩定度」視為相反的兩件事。此外，他也明白了擔任齊心協力型的領導者，不代表就要完全否認自己需要權威感；事實上，要當個有效的協作型領導者，必須同時清楚自己與他人的界線與需求。鮑伯開始正視自己原本就同時重視創業精神與財務穩定度，以及合作與權威並重。

❹尊重自己的陰影價值觀

　　「尊重陰影價值觀」的意思是：思考、談論或採取行動，承認陰影價值觀的存在。這麼做，可以讓陰影價值觀進入意識層面，以恰當的方式處理。我請鮑伯告訴我，為了尊重他的每一項陰影價值觀，他能做的一件事是什麼？鮑伯同意尊重自己的「權威」這項陰影價值觀，向莎莉提出他需要的事：被尊重、不吼叫。此外，鮑伯也尊重自己的「財務穩定性」這項陰影價值觀，與莎莉分享公司的整體財務狀況，讓莎莉明白除了她的獎金以外，他還重視哪些面向，以及他認為公司可以如何重整財務制度。

你的理想之間的衝突

　　關係緊張的理想價值觀之間的衝突，處理起來可能一樣困難。此時，你引以為傲的兩個以上的價值觀，看似互相矛盾。

以我的學生瑪雅碰上的麻煩為例,每年大約在12月的耶誕假期前後,瑪雅就會和先生吵架。兩個人都是虔誠的印度教徒,但先生從小家裡也喜歡慶祝耶誕節。瑪雅覺得這樣不妥。在她心中,印度教徒不該慶祝不屬於印度教的節日。如果先生家中原本就是基督徒,邀她一起慶祝耶誕節,那就沒關係,但先生家不是!瑪雅每年的耶誕季都會面臨抉擇:看是要以義憤填膺的心情,參加夫家的耶誕節早午餐;還是要拒絕參加聚會,讓夫家不高興。不論選哪一個,瑪雅的行為都會引發家裡氣氛緊張,先生左右為難,試著調停妻子與父母。

該怎麼辦?

❶ 留意你內心的衝突

留意心中衝突的情緒可以幫上忙。瑪雅找出自己的理想價值觀時,她發現「真誠」這項價值觀對她來說很重要,連「愛」這一項也相形失色。瑪雅希望愛所有的人,不會只愛順她的意的人。找出這點後,她承認,她拒絕參加耶誕節早午餐這件事,對夫家不是很友善。瑪雅發現自己看來相互抵觸的理想價值觀,引發她本人、先生與公婆之間的衝突。

❷ 尋求「兩者皆是」

瑪雅問自己,她如何能對自己的根保持真誠,但又表達對丈夫與夫家的愛?瑪雅在想,是不是也許他們可以慶祝印度教的傳統,一起共度夫家的重要節日?

❸ 讓你的價值觀／行為合而為一

你的行為不一定永遠符合你的理想價值觀──我們可能很難承認這點。瑪雅感到尷尬，雖然「愛」是她的理想價值觀，但是她的行為對夫家來說不是很有愛。瑪雅看出自己的「愛」這項價值觀，與她不是很有愛的行為之間有差距後，明白自己必須言行合一。

她讓自己言行一致的方法，就是做點有愛的事：參加耶誕節的早午餐。此外，為了表達她對「真誠」的重視，她與先生帶著傳統的印度美食去參加家族的早午餐。全家人吃完飯後在耶誕樹前照相，耶誕樹最上方的裝飾品是印度教愛的女神的塑像。

我們與他人的價值觀如何起衝突？該怎麼做？

即便我們承認了自己有哪些理想價值觀與陰影價值觀，我們與他人的價值觀差異依舊是棘手的挑戰。不過，進一步意識到雙方的差異後，就能設法打破衝突模式。

當理想價值觀起衝突時

最明顯的價值觀起衝突的時刻，是我們與他人的理想價值觀互相對立時。最引人注目的是長期兩極化的議題，例如：墮胎、槍枝管制、死刑、同性婚姻。當理想價值觀起衝突時，情勢有可能異常緊張，因為

我們感覺道德上有非贏不可的義務。

理想價值觀不只在社會議題的領域起衝突，若是源自身分特徵，例如：年齡、性別、種族、民族或宗教，此時衝突會特別明顯。舉例來說，不同世代的人有不同的價值觀，某個世代覺得合適的行為，另一個世代可能感覺不恰當。

今日的典型例子是職場上的千禧世代與嬰兒潮世代。千禧世代逐漸成為職場中堅、人數超過年長同仁後，[2]哪一方的價值觀占上風的權力動態產生變化。有一次，我到某間大型重要的新創公司與兩位主管合作，這間公司正在爭論工作流程該如何進行，雙方立場迥異，大主管請我過去協調。

其中一位主管29歲，另一位55歲。年長的主管覺得年輕的那位太躁進，漏掉業務流程中的關鍵步驟。年輕的主管則是覺得年長的那位動作太慢，如果永遠都要瞻前顧後、執著於細節，專案有可能失敗。我察覺兩人的衝突，代表著世代之間的衝突。其實，不止他們兩人如此，全公司正以其他方式發生同樣的事，只是這兩位主管之間的矛盾特別嚴重。我告訴那位大主管，如果想要成功解決這個問題，最好是找公司裡的資深主管聊一聊，但我很快就得知，這間公司的30歲執行長聽到他的報告後，立刻決定解雇那位年長的主管。我日後又聽到，公司裡的其他人把這樣的結果，視為年輕主管的觀點獲得支持：速度，是公司最

重視的事，即便要犧牲標準流程、引發混亂也沒關係。

年齡等各種身分特質，產生了不同的理想價值觀。我們該怎麼做，才能妥善處理這種複雜的兩難狀況？

❶ 尊重他人的價值觀

「尊重他人價值觀」的意思是：思考、談論或採取行動，表現出我們理解對方的價值觀，他們有權擁有自己的價值觀（即便你不喜歡或不認同那些價值觀）。

這麼做有一個實際的理由：如果反其道而行，試著說服別人他們的價值觀是錯的，通常不會有用。社會心理學家克勞德・史提爾（Claude Steele）博士所做的自我肯定先驅心理學研究顯示，[3] 你幾乎不可能改變別人的觀點，涉及他人價值觀的議題尤其如此。當人們的價值觀被直接挑戰時，反而會更加堅守立場。與其試圖改變他人的價值觀，不如試著接受他們和你一樣，有權擁有自己的價值觀。

❷ 尋求「兩者皆是」

如果那位新創公司執行長設法同時尊重「速度」與「明確的業務流程」兩件事，不偏好其中一項呢？雖然速度被視為較大的競爭優勢，明確流程的重要性大概也不會輸太多。你要挑戰自己找出辦法同時尊重這兩種價值觀，尤其是只選一個似乎比較容易時。

❸ 留意重疊之處

找出你與他人欣賞的價值觀的重疊之處。我在班上做這個練習時，會請學生扮演正反兩方，替某個分

裂的社會議題辯論。辯論過程中，學生們通常會留意到，正反方的背後其實有著類似的基本價值觀。他們經常覺得訝異，因為他們和大部分的人一樣，以為自己如果不認同某個人，雙方不可能有共通的核心價值觀，尤其是面對兩極化的社會議題或道德議題時。

以瑪麗與她的叔叔喬為例，每次這兩個人湊在一起，就會爭論不休。瑪麗主張美國應該開放國界，收容逃離迫害與貧窮的國際難民。叔叔喬則是堅持開放國界會傷害美國，有安全上的疑慮，應該加強管制才對。

我請瑪麗找出她的主張背後的理想價值觀，瑪麗回答：「社會正義」、「自由」與「同情弱小」。我也請她找出叔叔的價值觀，她猜叔叔的理由是：擔憂美國公民的安全與自由，以及他熱愛國家。瑪麗因此看出，雖然兩人以不同的方式表達價值觀，他們關心的是兩群不一樣的人，她和叔叔都重視自由與關心他人。雖然他們有著本質上的不同，但是他們相同的地方，其實超過兩人願意承認的程度。瑪麗向叔叔指出兩個人一樣的地方後，他們感覺開始理解彼此，日後的對話變得更具包容性，不像以前那樣水火不容。

有的人和我們有著根本上的意見不合，承認他們其實與我們有著共同的價值觀，一開始會感到彆扭，但可以促進更多的同理心，有助於看出我們和他們之間，其實沒有一開始想的那麼不一樣。

他人的陰影價值觀引發的衝突

別人的陰影價值觀很難察覺，而且非常容易遭到曲解。這也難怪，畢竟連當事人可能都不理解或沒察覺那樣的價值觀。

發生這種事的時候，你可以做點什麼？

❶ 承認你自己的投射與歸因

你可能不知道別人有哪些陰影價值觀，或是對別人有誤解。我們在評估他人有哪些陰影價值觀時，兩種心理偏誤會導致我們誤入歧途。第一種是前文提過的「投射」，我們很容易把自己的陰影部分，投射在他人身上。為了保持自我感覺良好的狀態，我們把不喜歡的自己推到別人身上。「投射」會破壞我們與他人之間的關係，因為這麼做會造成我們……不喜歡他們！此外，對方大概也會抗拒不公平的投射，尤其如果當我們做得很明顯時。

「基本歸因謬誤」（fundamental attribution error）也讓事情變本加厲，意思是我們認為別人會做某件事，是因為他們的性格有缺陷，但情況換作自己，我們會解釋成有不得已的苦衷。這可以維持對自己的健康心理觀感，但導致我們容易把別人往壞的地方想，實情卻不是那樣。

你可能會問，如果我們的思考摻雜著偏見，我們真的該評估他人的價值觀嗎？

不論你有多清楚（或不清楚）對方的背景，你大概會留意到某些因素影響著他們的世界觀，即便他們本人可能不願意承認。你注意到的事，可以解釋他們為什麼會有那樣的行為，甚至就連當事人都不一定完全理解、明白或承認。

當你明白了原因後，就能對他們產生更大的同理心，你會因此感到海闊天空。如同19世紀詩人朗費羅（Henry Wadsworth Longfellow）所言：「如果我們能夠讀到敵人不為人知的過去，每個人一生中遭遇過的傷心事與苦難，將足以讓我們放下所有的敵意。」**想想他人過去發生的事，將能協助你打破衝突循環。**

簡單來說，即使你弄錯別人的陰影價值觀，光是思考那些事能帶來的好處，就值得你冒險。

❷ 找出他人的陰影價值觀

另一個很有用的做法，就是思考別人在意、但不願意承認的事。方法之一是：留意他們究竟做了什麼事令你感到不舒服，接著問自己，有可能是他們的背景的哪件事導致他們那麼做？

我問鮑伯，莎莉的行為最刺激他的地方是什麼？鮑伯回答：莎莉很貪心。我鼓勵鮑伯試著替莎莉的行為找到解釋，換位思考一下：「依據你對莎莉這個人的了解與她的背景來看，同時想想她目前的生活情形，以及你知道的關於她家裡的事與她的成長經歷，你認為可能是什麼原因，導致她有這樣的行為？」鮑

伯停下來，仔細思考這個問題。

　　鮑伯想起，在某個寒冬，他們一起去中西部出差。莎莉提到，小時候家裡因為沒繳帳單，曾經不止一次暖氣被停。鮑伯能夠理解莎莉在貧困的家庭中成長，八成很需要財務上的安全感。「莎莉很害怕，」鮑伯說：「她擔心得不到需要的東西。」鮑伯依舊認為，莎莉的反應太過度了。但他這下子願意承認，莎莉的財務恐懼很能解釋為什麼她這麼堅持，還把氣出在他的身上。

❸ 尊重他人的陰影價值觀

　　鮑伯了解可能是怎麼一回事後，與莎莉展開有效的對話。鮑伯決定下次兩人談話時，他不會把事先決定好的獎金制度硬塞給莎莉，一開始先提出他在制定新制度時，將把莎莉的長期需求納入考量。鮑伯在沙盤推演時，立刻發現這點對莎莉來說意義重大，即便她本人很難直接開口談對財務的憂慮。鮑伯有了這份新計畫後，躍躍欲試，等不及嘗試再度開啟對話——對過去幾個月來的心理僵局而言，這個轉變本身已是重大突破。

換你了！

找出他人的理想價值觀與陰影價值觀

　　為了協助你持續打破自身情境中的衝突模式，如

同前文練習找出自身的理想價值觀與陰影價值觀，現在請花點時間試著找出其他人的價值觀。這個練習能夠有效培養你對他人的同理心，因為你要試著找出對方可能擁有的觀點與行為，你以前可能沒有想過這些事。

當然，除非你直接問，否則不可能百分之百確認別人抱持著哪些價值觀。不過，由於對方或許也沒有意識到自己全部的價值觀，即使你真的開口問，他們也無從談論其中幾項。雖然「投射」與「基本歸因謬誤」有可能導致你弄錯他人的價值觀，儘管有可能誤判，從我輔導過數以百計的客戶與學生的經驗來看，試著找出他人的價值觀所具備的潛在好處，大到值得冒這個險，尤其是如果你按照接下來的說明，降低弄錯的風險。

首先，請回想任何你知道的事：他們是如何成長的，包括父母、家族親戚、老師、朋友、教練帶來的影響，外加他們在學校、職場，以及今日或一度身處的社群所帶來的文化體驗。他們大概在那些地方從別人那裡接收到哪些訊息，今天的行為因此受到影響？寫下你的答案。

好了以後，回到附錄1的「價值觀清單」，挑出2、3項你認為他們可能擁有的理想價值觀，寫下來。

接下來，請試著找出他們的陰影價值觀。如果是陰影價值觀，如同我和母親的狀況，當事人的行為大概會擺盪在與那個價值觀有關的兩個極端。每當母親

打電話給我，我有可能不接電話，接著罪惡感來襲。另一種可能是我會一直陪母親聊，聊到她自己想掛斷，然後我感到怨恨。由於我的「自主」價值觀處於陰影，我說不清楚這個需求，更別提付諸行動，造成這個價值觀以無濟於事的兩種極端方式跑出來。

如果你想不大到對方有哪些陰影價值觀，你可以留意你遇過他們的哪些行為，寫下背後可能存在的陰影價值觀。別忘了，一個人的陰影價值觀，有可能是另一個人的理想價值觀。一切要看我們接收到的訊息，以及我們在成長過程中如何詮釋那些訊息。下列提供幾個範例，右欄是行為背後可能的價值觀，左欄是你認為的原因（以極端的對照組呈現）。

你如何詮釋對方的行為	背後可能的陰影價值觀
貪婪或過度慷慨	財務安全感
以退為進或冷漠	競爭心理
跋扈或軟弱	權威
控制欲過強或疏離	愛
權力欲望重或冷淡	領導力
追求地位或疏離	獲得認可
太過急進或懶惰	成就

圖表4　他人行為背後的陰影價值觀

寫下價值觀圖

　　就像下列圖表所示，利用你已經列好的理想價值觀與陰影價值觀，把你的兩類價值觀放進上面兩格，下方兩格放進你在前言中找出的情境涉及的他人（個人或團體）的價值觀。如果你想放進好幾個人或數個團體的價值觀，除了找白紙寫下來或利用書末延伸工具，也可以上本書網站下載「價值觀圖」（Values Map）的空白範本來用：jengoldmanwetzler.com/resource/values-map/（英文版），列出不同人的價值觀。

	理想價值觀	陰影價值觀
我		
他人		

圖表5　價值觀圖有助於找出你與他人的價值觀之間有哪幾項重疊或起衝突

好了以後，看看有沒有任何共通的價值觀。你在任何格子中列出的價值觀，是否有相同或類似的價值觀？有的話，請圈起來，畫線把兩個價值觀連起來。

接下來，尋找起衝突的價值觀，同樣畫線連起來，但加上朝著不同方向的箭頭，代表兩者處於緊張關係。我很多客戶會用線條較粗、顏色較深的箭頭，代表重大衝突，用較小、較細的箭頭，代表比較不緊張的衝突。

尋找彼此之間的重疊與衝突時，四格要一起找；換句話說，要同時比較你自己的理想與陰影價值觀，也要比較你與其他人的價值觀。

你注意到哪些事？你的理想價值觀與陰影價值觀之間、你的幾項理想價值觀之間，是否有所衝突？你與其他人的價值觀是否起衝突，包括理想價值觀與陰影價值觀？你與其他人的價值觀是否有共通之處？有的話，是哪幾項？

起衝突或重疊的價值觀，是否有任何令你感到訝異的地方？有的話，怎麼說？

尊重你的陰影價值觀

一旦留意到自己的理想價值觀與陰影價值觀出現衝突，挑一個似乎與你的情境最相關的陰影價值觀，加以尊重。首先，設法了解為什麼那會變成你的陰影價值觀。你是否被暗中灌輸什麼觀念，沒有完整意識

到那個價值觀？你在人生中的某個時間點接收到哪些訊息，導致你壓抑了那個價值觀？不必花很多時間細想這些問題，想太多反而可能使你誤入歧途，簡單回答就好。找個安靜的空間，讓自己靜下心來，讀一讀下列幾個問題，寫下你第一件想到的事。

* 我最初是如何發展出這個價值觀？在什麼時間？

* 我是什麼時候第一次知道這個價值觀不OK，當時是什麼情況？

* 這個陰影價值觀有可能和我的哪一項理想價值觀起衝突？想想「兩者皆是原則」，這個陰影價值觀可以如何與那個理想價值觀共存？至少寫下三種你目前是以什麼樣的方式，透過思考、語言或行為表達每一種價值觀。

* 我是否承認就算抱持A價值觀，不代表B價值觀就不存在？我其實已經在生活中同時表達兩種價值觀？

* 我將如何透過思考、談論或採取有建設性的行動，尊重自己的陰影價值觀？如果要這麼做，我該說哪些話、做哪些事？

我回答前述問題時，發現自己熱愛的「自主權」源自於「獨處」。我小時候有很多獨處的美好回憶。我會坐在一張迷你搖椅上，眼前是兒童尺寸的「書桌」——我和弟弟同一間房，父親在牆上釘了一塊板子當桌面，一旁的錫罐裡放著剩下一半的蠟筆、半乾

的彩色筆、水彩顏料、一疊疊祖父從工作的工廠裡帶回來的廢紙。我會坐在椅子上好幾個小時塗塗畫畫，爸媽鼓勵我這麼做。他們似乎喜歡我的作品，我也喜歡可以一個人愛待多久就待多久。

我何時學到自主不好？或許是我上幼稚園時，我期待搭巴士去學校，成為教室社群的一員。在我長大的期間，我接收到的文化訊息是：要乖、要幫助他人、照顧他人的感受。那樣的訊息，自然把我對於自主的重視藏進陰影裡，就好像這項價值觀不存在。

我看著自己並列的理想價值觀與陰影價值觀，我看見我的「自主」這項陰影價值觀，似乎與我的「愛」這項理想價值觀起衝突。在過去，我的母親似乎認為，以及我本人也那樣想，我不可能同時保有自己的時間，又表達對母親的愛。然而，這根本不是事實。我知道我能表達對母親的愛，又尊重自己對於自主的需求——我從小到大就是因為獨立自主，感覺替自己溫暖的家庭帶來貢獻。

我問自己，我是如何平日就做到這樣的事？我除了努力工作，也會挪出週末和父母共度。雖然我會一個人去散心，也會告訴母親我愛她。我每天獨自散步，而儘管母親抗議我都不聯絡，我的確偶爾會打電話過去。即便我先前沒承認界線對我來說很重要，我同時在日常生活中表達了自主與愛。

那一天，我在全班面前決定，我可以愛母親，也

能替我的時間設定合適的界線。我找出一天中能打電話給母親的特定時間，也告訴她哪些時間我不方便接電話。

尊重他人的陰影價值觀

好了，現在我們要挑你圖上的一個人，尊重那個人的陰影價值觀。你打算尊重對方的哪一項陰影價值觀？

想一想，為什麼對那個人來講，這個價值觀在陰影裡？你可能無從確認對方是從什麼時候開始有哪樣的價值觀，背後是怎麼一回事，但即便只是去思考這些事，也能增加你對那個人的同理心，因此這是有用的練習。此外，如果你熟知對方的情形，你會訝異輕鬆就能有理有據回答下列問題：

* 有可能是什麼樣的情境或訊息，導致那個人最初發展出這項價值觀？

* 後來可能是碰上什麼樣的情境或訊息，告訴他們不該那麼想？

我想著母親會有什麼樣的價值觀，突然間恍然大悟。我猜對母親來講，「愛」與「家庭親密性」是理想價值觀，不過直覺也告訴我，母親愛在心裡口難開。「妳要多打一點電話給我」，是母親在用自己的方式表達：「我愛妳，我害怕妳不愛我。」

我想著母親的成長環境。這些年來，我從她提過

的往事中得知一些故事，我留意到她和講述1950年代紐約的影集《漫才梅索太太》（*The Marvelous Mrs. Maisel*）有著驚人的類似之處。愛的確在，但不一定會被明確說出口。在我母親成長的年代，挖苦或甚至是批評別人，被視為表達喜愛之情的方式。

我了解到，我和母親都重視「愛」，但以不同的方式表達。這點讓我再次感覺與母親擁有共同的出發點，雖然她的批評令我痛苦，但我能夠明白她的本意是愛。既然如此，我們一定能夠一起解決問題。

最後的步驟是列出具建設性的方法，透過想法、話語或行動，尊重他人的陰影價值觀（即便只是私下做也可以）。

我希望以有形的方式記住母親愛我。我的助教凱倫教了我一個聰明的方法，我自己永遠也想不到。凱倫拿著我的手機，做了一張中間寫著「母親愛妳」的圓形圖案，把我母親原先空白的聯絡人照片換成這張。好幾年了，每當母親打電話來，我的手機依舊會顯示這張圖片，以正中紅心的方式提供我需要的提醒：母親會打電話來，全是因為她愛我。

縮小你的理想價值觀與行為之間的落差

回顧你的理想價值觀清單，想一想你的行為反映出理想價值觀的程度。你能否看出在你面對的情境中，你的理想價值觀與行為之間的差距？如果有任何

言行不一的地方，寫下你將採取哪些行動減少落差。

我在做這個練習時感到很尷尬，我發現我的理想價值觀「愛」與我的行為之間有很大的差距。我號稱「愛」排在我心中優先的地方，但是我的親生媽媽打電話來的時候，我拒絕接電話。我也抗拒主動打電話過去！愛的程度有多高？不是很高。（我也發現我投射到母親身上：我控訴她做的事不叫愛我，但我自己的行為也一樣。）

我找出我可以做哪些事，縮短理想價值觀與行為之間的差距：母親打來時，我會盡最大的努力接電話。萬一真的不方便，我會傳簡訊，告訴她我何時才能講電話。此外，我會更規律打電話給她——我選擇週三早上上班前，以及週日早上和孩子一起打電話給她。

選擇是否要討論價值觀與討論方式

你做完相關練習後，有可能會想和當事人聊聊你的發現。或許這是明智之舉，但是在你一頭熱跑去之前，請先想想是否真的該討論？真要討論的話，又該用什麼樣的方式？你可以先閱讀接下來的建議，但是你在「練習6」想好「打破模式的路徑」（PBP）後，如果你判斷的確應該討論價值觀，我建議你回頭複習這個部分。

測試時機的成熟度

　　價值觀很難討論，尤其是當價值觀似乎起衝突時，你可能是在踩地雷。請先問問自己下列幾個問題。

❶是否有必要討論？

　　我協助過數以百計的主管與學生運用這個方法，我的經驗是：大部分的時候，其實並不需要明確和當事人討論價值觀，也能夠打破衝突。**你要讓自己獲得自由，你真正需要做的事，是改變自己的觀點。**只要運用前文的練習，尊重自己與他人的價值觀，就能在不需要其他人也參與的情況下，轉變你原先的觀點。如果你感覺光是你這邊改變對待他人的方式，就足以扭轉情勢，那麼或許不需要和當事人討論他們的價值觀。然而，如果你感覺你改變自身行為，會讓對方納悶發生了什麼事，你判斷要是解釋為什麼你做出改變將能帶來幫助，你想請他們一起努力，或是你們之間的關係夠深，你認為談談會有幫助，那就繼續自問接下來的兩個問題。

❷我是否準備好以和善的態度談？

　　在你感到厭惡或憤怒時，展開以價值觀為主題的談話，很可能使衝突升溫。如果你有自信已經能夠展開和善的對談，那很好，你可以進入下一個問題。如果還沒有自信，那就找朋友或教練一起練習角色扮演。一旦你能夠保持數分鐘以上的同理心態，問自

己：我是否好聲好氣說話？如果是的話，你造成衝突升溫的風險不高，但依舊得考量最後一個問題。

❸ 對方是否準備好要談？

有哪些跡象顯示對方準備好和你談這件事了？如果你開口要求談價值觀，對方也同意，他們八成準備好了。如果不是這樣，此時展開這種對話要小心。如果你感覺對方尚未準備好，可以過幾天或幾週後再試探一下，直到你接收到明確的訊號，時機確實已經成熟。不管是哪種情形，有時你可能需要要求談一談，我將在本書的第三部討論該怎麼做。

> 請留意：如果你在練習 1 發現，你在遇到衝突時容易退縮，我自然不樂見你把這一節談的「測試時機的成熟度」當成藉口，認為還是算了吧！打破衝突最重要的前提，就是不能放任自己重複主要的衝突習慣。實驗一下，逼自己走出舒適圈，利用下一節說明的鷹架降低風險，而不是乾脆都不要談。

建立鷹架

在我工作的紐約市，隨處可見鷹架與布幔，[4] 協助工人修理建築物，保護行人不被落下的碎片砸到。衝突情境中的「鷹架」也是一樣，可以協助你修復關係，全身而退。

第一步是事先通知當事人，邀請對方加入對話，給他們機會做好心理準備。你可以提議對方大概會有

空對話的日期與時間，不過更理想的做法是請他們告知什麼時候比較方便。此外，談話的環境也很重要；請找能夠轉換心情、好好聊天的地方。你可以選一個象徵打算「重新開始」的地點。如果你一般是在平日的晚上等孩子睡了以後，半夜和另一半在臥室吵架，那就在白天的時候，提議雙方在週末聊一聊，到大自然走一走。如果你通常是在會議室桌旁，進行氣氛緊繃的對話，那就邀請同事出去吃午餐，喝杯咖啡，甚至在公司附近走一走也可以。

接下來，想好你在對話的過程中，要如何維持建設性與同理心。舉例來說，先想好萬一對方講著講著開始緊張或憤怒，你要如何保持鎮定？每次脫口而出前，先暫停一下，會不會有幫助？是否需要帶筆記本提醒你想說的話，提醒你該怎麼說比較好？

準備內容

最後一個步驟是：準備好你想說的內容。提醒自己，雙方的價值觀其實有共通之處。對話的開頭，可以先強調你心中雙方一樣的地方，這個步驟有很大的力量。如果你覺得講出來合適的話，可以讓對方知道，你欣賞他們真的很在乎Ｘ（不論那是你找出的他們的理想價值觀或陰影價值觀）。即便你是第一次點出某個陰影價值觀，只要你心懷敬意，不帶指控，八成會有幫助。舉例來說，鮑伯後來告訴莎莉，自己絕

對會把她的長期財務需求納入考量。雖然莎莉不習慣
討論這件事，但鮑伯的語氣非常尊重，莎莉能懂鮑伯
是為她好。

　　此外，如果合適的話，你有什麼價值觀也可以讓
對方知道。即便他們不認同那樣的價值觀，你可以讓
他們至少知道有這麼一回事。不過別忘了，**你的目標
是讓自己不再困在衝突裡，不是說服對方你講的沒錯**。

　　對話進行到某個時刻，你應該會覺得「突破」衝
突模式，甚至覺得原本一而再、再而三出現的循環突
然間被打破了。若是出現這樣的時刻，你可以和緩讓對
話收尾。這場對話將能在未來，提醒你最真誠的初衷。

重點濃縮

* 陰影價值觀不同於理想價值觀，我們自豪地公開承認理想價值觀，但不願提及陰影價值觀，就連對自己也避而不談。由於我們否認有陰影價值觀，每當陰影價值觀導致我們說一些話、做一些事，害自己卡在衝突循環裡，我們通常沒意識到一切是怎麼一回事。

* 每個人的理想價值觀與陰影價值觀十分不同。這是因為究竟哪些事OK、哪些事不OK，每個家庭、每個社群、每個組織會給出不同的訊息。

* 價值觀會以各種方式起衝突，最明顯的一種是：你的理想價值觀似乎與他人的理想價值觀起衝突。不過，你的理想價值觀，也可能與心中的另一個理想價值觀起衝突。此外，你的陰影價值觀也可能與理想價值觀起衝突，在你不自覺的情況下驅使著你的行為，造成你與他人之間的誤解。別人的陰影價值觀也是一樣。由於人們不願意承認陰影價值觀，正面處理陰影價值觀是一件很棘手的事。

* 光是試著找出與承認你與他人的理想價值觀和陰影價值觀，就能夠協助打破衝突模式——即使你不喜歡或不認同那些價值觀也一樣。

* 想想別人可能擁有哪些陰影價值觀，有助於你提升同理心，你可能會感覺釋懷，好像懂了什麼一樣。思考別人一路上是如何走過來的，將能協助你打破衝突循環。

換你練習

尊重理想價值觀與陰影價值觀

思考你在前言的結尾寫下的衝突情境：

* **找出你的理想價值觀**：利用附錄1的「價值觀清單」，找出你的理想價值觀——你會自豪地公開承認的價值觀。

* **找出你的陰影價值觀**：利用附錄1的「價值觀清單」，找出你的陰影價值觀——你並不自豪的價值觀。

* **評估他人的價值觀**：利用附錄1的「價值觀清單」，找出在你的衝突地圖上，某個人或某個團體可能抱持的理想價值觀與陰影價值觀。你無法確知那是否就是實情，但盡量去猜想將增加你的同理心。

* **畫出價值觀**：利用本章的價值觀圖，寫下所有你找到的價值觀，留意價值觀之間是否有任何共通之處（相似）或起衝突（歧異）。利用圓圈、線條、顏色，標示你與他人的價值觀的共通之處與緊張情勢。

* **尊重你自己的陰影價值觀**：挑出一個似乎與你的情境最相關的陰影價值觀。留意你本身的哪一項理想價值觀，有可能和這個陰影價值觀起衝突。想一想「兩者皆是原則」。你的陰影價值觀如何與那項理想價值觀並存？寫下你目前是如何透過思想、言語或行動，表達每一種價值觀，至少寫出三種方式。你將如何透過思考、談論或具建設性的行動，尊重自身的陰

影價值觀？寫下你想到的答案，提醒自己要做到。

* **那只是你的投射**：你是否有可能其實是把自己的陰影價值觀，投射在他人身上？是的話，你現在是否尊重自己的那些價值觀了？

* **減少理想價值觀與行為之間的差距**：想一想，在你的情境中，你的行為在多少程度上反映出你的每一項理想價值觀？你的理想價值觀與你在當下情境中的行為，是否有不一致的地方？如果理想價值觀與你的行為之間，有任何言行不一的地方，寫下你將採取哪些行動減少差距。

* **尊重他人的陰影價值觀**：挑出一個似乎與你的情境最相關的他人的陰影價值觀。有可能是哪些原因，導致他們最初發展出那樣的價值觀？他們可能碰上了哪些情境、接收到哪些訊息，被告知不該有那樣的想法？你如何能透過具建設性的思考、話語或行動，承認他們有那樣的陰影價值觀（即便只是自己私下這麼做）？

下載「價值觀練習手冊」（Values Practice Packet），
——走過本章的小練習，包括可自行列印、適用多人
的「價值觀清單」（Values Inventory）與「價值觀圖」
（Values Maps）：

jengoldmanwetzler.com/resource/values-packet（英文版）

如何達成最佳結果

第一部	了解衝突循環
練習 1	留意你的衝突習慣與模式
第二部	打破衝突模式
練習 2	深入弄清楚：畫出衝突
練習 3	讓情緒成為你的助力
練習 4	尊重「理想價值觀」與「陰影價值觀」 ——你的與別人的
第三部	讓自己跳脫循環

第三部

讓自己跳脫循環

練習 5

✳

想像理想中的未來

就算知道「是誰先開始的？」也於事無補，重點是
「現在我們該怎麼辦？」

——希薇雅・布爾斯坦（Sylvia Boorstein），
暢銷書作家與猶太裔佛教導師

歡迎進入你期待已久的部分，我們終於要來學如
何跳脫衝突循環。

本書的第一部和第二部協助你冷靜下來，釐清衝
突情境，想想如何打破過去的衝突模式。然而，不論
是什麼衝突循環，循環裡有太多的自我增強，光是打
破模式還不足以離開循環，很容易又會陷進去。雖然
能夠打破模式已經很好，你還需要一點額外的助力，
才能夠成功擺脫循環。

有兩股力量可以助你一臂之力：一股是你可以從
內部離開循環，另一股是你從外部被拉出循環。

如果是經年累月的衝突循環，你將同時需要內外

兩股力量。

把自己拉出衝突循環時,「最佳結果」將是你需要的外部力量。不過,由於我們尚未定義你的最佳結果(「練習8」會做這件事),我們需要從簡單一點的東西開始,先從想像你的最佳結果「原型」起步。「原型」是借自設計思考的概念,指的是日後會再加以發展的初步模型。

本書稱你的「最佳結果原型」為你的「理想未來」;理想未來是beta版的最佳結果。你將在「練習8」有機會改良原型,慎重考慮現實情況與你面對的人之後,找出你所能想像的最好結果。

本章要談的理想未來,有如北極的磁引力把羅盤指針吸向北方,能把你帶進你想像中的方向。

我在前言提過,有些衝突情境不管怎樣就是解決不了,原因是我們把太多力氣放在過去發生了哪些事,忙著追究責任(「練習1」講過,不論是怪自己或怪別人都一樣)。我們滿腦子都想著那些事,沒去想希望未來能是什麼模樣,就算真的想到了,我們的願望一般很模糊,主要放在希望事情可以不再發生,不去進一步思考樂見其成的事。例如,吵得正凶的時候,我們會怒吼:「這樣下去不行!」,或是「我再也受不了了!」。以我們究竟想創造出什麼樣的未來而言,這樣的話不是很明確的願景。

即便我們知道自己要什麼,也腦力激盪出達成目

標的方法，如果是反覆發生的衝突情境，我們想出的方法通常無法解決問題。當事情怎樣都解決不了的時候，十之八九不是因為我們缺少點子，所以才卡在原地；實際上，點子再好也沒有用，我們八成什麼都試過了，各種有希望的點子都曾經派上場。

我們會困在衝突裡出不來的原因，通常超出了理性思考與問題解決的範疇。事實上，涉及強烈情緒與根深柢固的價值觀的複雜問題，一般會抗拒靠理性得出的解決辦法。如同諾貝爾獎得主、行為經濟學家丹尼爾·康納曼（Daniel Kahneman）所言：「每個人自認理性的程度，遠高於實情。此外，我們認為我們做出決定，是有做那些決定的好理由，即便真相相反：我們先做出決定，再自圓其說……。人們脫離理性的時刻，大都能用恐懼、愛戀、憎恨等情緒來解釋。」[1] **重點是：如果問題的根源是內心深處的情緒或價值觀，那麼理性推導出來的選項通常無法解決問題，因為那些選項並未充分處理問題背後的情緒與下意識的動機。**

這就是我為什麼「沒有」請各位進入腦力激盪或問題解決模式，我要改請你運用想像力。

你必須釐清，你究竟要怎樣才會真正滿意，才有辦法依據目標採取對應的行動，才能與他人溝通你想做到什麼，別人才好幫你。

在本章的這個練習，你還不需要太擔心你面對的

現實。我們會讓你的「理想未來」有可能成真，理想未來需要同時考量現實的情境，以及其他人在現實生活中的偏好與需求，但我們會在「練習8」做這件事。現在，只需要你先想像你要的未來，細節愈多愈好。

運用你全部的感官

找出理想未來的方法，是讓五感全數派上用場，產生你希望在未來體驗到的情緒。請想像那個未來狀態的樣貌、聲音、味道、氣味與感受，包括觸覺感受與情緒感受。

當你試著運用五感想像時將碰上一個問題：西方文化傳統上只注重「視覺」與「聽覺」兩種感官的重要性。我們過分仰賴這兩種感官，無法充分運用想像力。棘手衝突專家約翰・保羅・萊德拉赫（John Paul Lederach）在《道德想像：促進和平的藝術與精髓》（*The Moral Imagination: The Art and Soul of Building Peace*）一書中寫道：「我們刻意重視……只運用『聽』與『看』兩種感官……發展出對應的宇宙觀和理解……一定要用上更全面的感官，包含但超越話語的世界。」[2]

如果要以更全面的方式運用感官，可以閉上眼睛，除了想像你將在未來看見什麼、聽見什麼，也要想像你想嚐到什麼、摸到什麼、聞到什麼，以及你想體驗的情緒。你的任務是照這個方式想像，在未來來臨前搶先體驗到。

「我有一個夢」

民權鬥士金恩博士遇刺逾50年，他曾在1963年8月28日，在「為工作與自由向華盛頓進軍」（March on Washington for Jobs and Freedom）的大遊行上，在二十萬的群眾面前，進行一場現代史上最動人、影響力最大的演講，替非裔美國人的民權發聲。金恩博士站在林肯紀念堂前，發表「我有一個夢」（"I Have a Dream"）的演說。[3]

各位有沒有想過，為什麼這場演講如此動人？你可能和許多人一樣，學過金恩博士運用了重複修辭法的力量，反覆提及「我有一個夢」這幾個字，持續抓住我們的注意力，讓我們對他要說的事感興趣。

然而，要是仔細聽，你會發現金恩博士還採用了其他手法。我認為，這場演講因此更加有力：金恩博士利用五感與情緒，協助我們感受到他想創造的理想未來。這種做法威力無窮，因為想像中的未來，就此從智識的層次，進入了不同的意識層面。我們得以看見、聽見、感受到、摸到與品味到金恩博士的理想未來，他不僅描述出畫面，還帶來旋律、感受、觸感，甚至是味道。金恩博士利用說話，協助我們想像他希望建立的未來。除了形容畫面與聲音，也形容觸覺的感受，甚至是刺激我們的食欲，告訴我們抵達他的理想未來時將嚐到什麼。金恩博士藉由這一切的技巧，讓我們感覺已經抵達目的地。

舉例來說，金恩博士在演講中提到：「現在時候到了，該把我們的國家從種族不平等的流沙中拯救出來，置於同胞之情的磐石上。」金恩博士此處形容我們腳下的地面將帶來的感受，運用從「流沙」變成「磐石」的譬喻，區分我們目前位於哪裡，以及他希望我們抵達何方。

金恩博士高呼：「我有一個夢，有一天在喬治亞的紅山上，昔日奴隸的兒子將能與昔日奴隸主的兒子，一起圍坐桌邊，大家都是兄弟姊妹。」這段話刺激了我們的食欲，讓我們想要品嚐他的理想未來的宴會美食。

金恩博士說：「我有一個夢，有一天就連密西西比這個受到不公不義烘烤、在壓迫的高溫下流汗的州，也將成為自由和正義的綠洲。」金恩博士協助我們感受到「壓迫的高溫」，以及碰觸到他的理想未來的清涼綠洲泉水時，那種鬆了一口氣的感覺。

金恩博士還協助我們感受到在他的理想未來裡，孩子們手握著手的皮膚觸感。他說：「我有一個夢，有一天……在阿拉巴馬州，黑人的男孩女孩，將與白人的男孩女孩手牽著手，情同手足。」

金恩博士還呼籲：「有一天，上帝所有的子民，將能把歌唱出新意：『我的祖國，美麗的自由之鄉，我為你歌唱。你是先祖安土的地方，你是披荊斬棘者的驕傲，自由之聲響徹每座山崗。』」此處，金恩博

士協助我們聽見歌曲的旋律與自由響起的鐘聲。

想像你的理想未來

這裡要提醒大家，那種能夠鼓勵你勇往直前、追求未來的「我有一個夢」演講，與「白日夢」之間有著一條分界。有時界線太模糊，你很難區分，想要能夠明確分辨，唯一的辦法就是先釐清你究竟要努力爭取什麼。

目前，你的任務只有想像出一個理想未來，先不必擔心可行性。我們很快就會處理那個部分。

鮑伯想像的理想未來分為兩個部分。首先，他想像自己向莎莉提出新的薪酬條件，一個他本人、財務長、創投投資人與莎莉都同意的方案。鮑伯想像莎莉說出他的提議似乎很公平時，心情頓時好了起來。

第二，鮑伯想像再次與莎莉共度美好時光。他想像兩人一起走進他們喜歡的餐廳，請有機會合作的客戶吃飯，眾人開懷大笑，享受美好的一餐。鮑伯聞到紅酒的氣味，嚐到大廚替他們準備的美食滋味。鮑伯想像兩人一起度過這段挑戰十足的歲月後，更加了解彼此，信任愈來愈深。鮑伯想像兩人的深厚情誼，也將感染他們帶去吃飯的客戶。客戶感受到他們的溫暖友誼，因為他們重新攜手合作、獲得好處。

過去幾年，我請學生挑一個衝突在班上解決時，大部分的人會選擇私事，但年紀較長的學生通常不會

這麼做，卡蜜拉是特例。卡蜜拉身處一個龐大的義大利裔美國人大家族，所有的親戚都住在布魯克林幾個街區內的地方。卡蜜拉提到親人時，臉上總是忍不住浮現笑容；家人顯然深入她生活中的每一個層面，也因此突然出現衝突時，卡蜜拉感到十分困擾。

卡蜜拉的表弟文森英年早逝，35歲就離開人間，留下妻子譚美與5歲的兒子狄倫。譚美和文森的七年婚姻，造成家族和譚美關係緊繃。文森的死帶來很大的衝擊，雙方關係因此更是劍拔弩張。文森的母親主張，應該由她來扶養狄倫；其他的家族成員雖然相信譚美有辦法自己帶孩子，也希望能以更親近的方式參與狄倫的成長過程。

不論是婆婆或家族的想法，都讓譚美痛苦地意識到，這家人不相信她能養大自己的兒子。雖然狄倫還很小，譚美知道兒子感受到周圍的敵意。我的學生卡蜜拉，是家族裡譚美唯一能夠傾訴與信任的人。

卡蜜拉對這個情形感到難過，不知道自己如何幫忙。她感覺夾在譚美與家族之間，尤其是譚美的婆婆又是卡蜜拉很喜歡的阿姨。然而，由於卡蜜拉和譚美關係良好，卡蜜拉知道自己掌握了讓情況好轉的機會，只有她才辦得到。卡蜜拉因此認真考慮我的建議，替家族想像更美好的未來。

卡蜜拉在想像理想未來前，先檢視在先前的練習中學到的所有事。她畫出衝突，先從譚美與婆婆開

始，接著很快就發現，衝突涉及的範圍其實更廣，家族的所有成員都牽涉在內，尤其是卡蜜拉的三個阿姨和母親。四姐妹彼此關係密切，經常交談。

卡蜜拉在價值觀的練習中發現，許多家族成員認為自己與譚美的價值觀相左，認為自己是在維護義大利的家庭價值觀，譚美則是代表現代美國文化那一套。

由於卡蜜拉和譚美比較親近，她知道譚美其實也擁有他們家族的傳統價值觀，即便在外人眼中不是如此。

此外，卡蜜拉也注意到，雖然自己的家族表面上重視愛，但他們給譚美的愛不是很多。他們試圖協助狄倫，只讓狄倫更痛苦。卡蜜拉知道家族成員正處於哀痛期，或許是因為這樣，他們沒有表現出最好的一面。卡蜜拉看出，家族的「愛」這項理想價值觀，與實際的行為之間有差距。

卡蜜拉對於過去有了更清楚的認識後，想像家族的理想未來，寫下：

> 在我想像的未來，家族團結起來一起養孩子。我聽見譚美和我的阿姨、我的母親，以及家族裡其他當母親的人，談她們共同感興趣的事，聊扶養孩子。大家談美德與家族價值觀，彼此心連心，更加了解彼此。
>
> 我看見狄倫和堂哥堂妹一起玩，譚美和家族裡所有的母親們看著他們。孩子有望感情一直這麼好，繼續傳承我們的家族傳統。我聞到廚房爐子上的食物傳來香氣，感受到阿姨與譚美的皮膚傳來暖意，我們手牽著手，圍坐在餐桌旁，向我們的家族表達謝意。

替你的理想未來想出細節

　　以更詳盡的方式想像你的理想未來，將能在下一章助你一臂之力，替你的理想未來設計出打破模式的路徑。請和卡蜜拉一樣，想像出你希望在未來見到的場景細節。

　　卡蜜拉認為，如果她希望影響家族的氣氛，她最終得和最提防譚美的家族成員，來幾場交心的對話。卡蜜拉需要聆聽那些親人的心聲，大概還得協助他們冷靜地直接與譚美談自己擔心的事。

　　不過目前的話，氣氛已經太緊繃，現在就談似乎是火上加油，因此卡蜜拉想像的活動是大家族的成員一起煮飯，譚美與狄倫母子也受邀。

　　由於感恩節快到了，卡蜜拉的家族傳統是一起用餐過節，卡蜜拉想像家族裡所有的母親與孩子聚在一起煮飯。卡蜜拉讓五種感官全數派上用場，投入情感想像眾人的團聚時光。卡蜜拉聞到廚房裡的熱湯散發香氣，感受到包圍著所有母親與孩子的融洽氣氛。卡蜜拉的家族互動，需要的正是那樣的氛圍。

寫下、畫下或錄下你的
「我有一個夢」演講

　　金恩博士能夠藉由對未來的夢想鼓舞群眾，原因是他不僅花時間想像那個未來，還化為言語。

　　各位想像出栩栩如生的理想未來後，接下來的任務是寫下、畫下、拼貼出，或是以各種影音形式，記錄理想未來的畫面、聲音、感受、味道與氣味（可利用延伸工具）。

　　卡蜜拉寫了一篇文章，描述她想像中的未來。寫作的過程，讓她得以釐清她希望能發生什麼事。

　　事實上，研究顯示，由於卡蜜拉花時間記錄想像中的未來，包括她將碰觸到什麼、嚐到什麼、聞到什麼，以及她將體驗到的情緒，她的理想成真的可能性，將大過只是嘴裡講著「我希望每個人都能愛彼此」。

　　即便卡蜜拉的理想未來不具可行性，釐清自己要什麼依舊會有幫助，因為諷刺的是，一旦知道自己要什麼，大概就會知道能不能達成那個目標。

　　你的「我有一個夢」的演講內容是什麼？

讓人知道你的理想未來

　　以最逼真的細節想像好、也記錄好你的理想未來後，為了讓那樣的未來成真，你可能需要和相關人士交流那樣的願景。卡蜜拉知道，要是無法讓母親、阿姨與譚美知道她的想法，邀請她們加入，自己的理想未來不可能發生。同樣地，鮑伯也知道如果永遠都不找莎莉坐下來談，他的理想未來成真的可能性是零。

　　然而，就像價值觀不好談一樣，討論你的理想未來或許不是簡單的事。當你和其他人聊你的理想未來

時，下列兩點是對話指南。

* **保持簡單就好**：一五一十地告訴別人你是如何想像出你的理想未來、為什麼會那樣想，通常沒用，也沒必要。人們只需要知道「what」的部分：你希望將會發生什麼事。金恩博士的演講只有17分鐘，卻有無限的影響力。

* **先想好要透露多少**：如果你認為告訴別人你的理想未來，有可能引發反作用、得不償失，那就應該先想想，現在究竟該不該討論你的理想未來。你永遠可以先透露一點點，等時機成熟了，再好好溝通。

你已經仔細想好你的目標是什麼了，接下來三章將探討如何達成那個目標。如果你有想要分享理想未來的對象，接下來兩章你會思考如何分享，才能夠帶來你想要的結果。

重點濃縮

* 如果是反覆發生的衝突，人們一般會把注意力放在過去發生什麼事、問題出在誰身上。你可能需要特別努力，才能扭轉注意力，改成思考要怎麼做。

* 一再發生的衝突，如果是源自內心深處的情緒與價值觀，理性的解決方式通常效果不大。

* 碰上這種情況時，你可以運用想像力，讓你的五感與情緒全數派上用場，想像你希望創造的未來。

* 當你在想像未來時，除了你想要看到什麼、聽到什麼，也請想想你將嚐到什麼、摸到什麼、聞到什麼，以及你會體驗到的情緒。請盡情想像，好像你真的已經體驗未來。

* 準備好與人談談你的理想未來，邀請其他人協助你讓那個未來成真。

換你練習

想像理想中的未來

* **想像**：盡量以栩栩如生的細節，想像你的理想未來。視覺、聽覺、觸覺、味覺、嗅覺，讓你的五感全部上場。此外，也要用上你的情感，想像出最佳的未來情境。別忘了，在這個步驟，你還不需要考慮現實的束縛——「練習8」會再處理那個部分。目前，你只需要依據先前完成的練習，想像理想中的未來。

* **記錄**：你的「我有一個夢」的演講有哪些內容？想出理想未來的細節後，寫下、畫下、拼貼出，或是以影音的形式，記錄你的理想未來的畫面、聲音、感受、味道與氣味。這麼做，能夠幫助你記住你瞄準的目標，之後更有可能在現實中實現。

* **準備好溝通**：和別人分享你的理想未來，會不會有幫助？還是說，向別人透露你的理想未來，反而會讓那個未來更難成真？如果你認為該分享，要告訴誰？你要告訴他們什麼？

你可以觀看金恩博士的「我有一個夢」演講（實況影片與講稿），了解他如何協助我們想像他的理想未來：
www.newsweek.com/mlk-jr-assassination-anniversary-i-have-dream-speech-full-text-video-870680

下載練習頁，協助自己想像理想未來：
jengoldmanwetzler.com/resource/imagine-your-ideal-future（英文版）

練習6

✳

設計「打破模式的路徑」
（PBP）

若要吸引某個人的注意，最基本的方法就是打破模式。
——奇普・希思（Chip Heath）＆丹・希思（Dan Heath），
《紐約時報》暢銷書作者

我們在「練習1」找出衝突習慣，那些習慣交織成模式，造成你和他人一直卡在衝突循環裡。接著，在「練習2」、「練習3」、「練習4」，你學到如何改變觀點與行為，進而打破衝突模式。

然而，任何的衝突循環，都有太多自我增強的動力，光是打破循環，還不足以使你成功脫身。你需要循環外部的「拉力」與內部的「推力」，才有辦法成功離開循環。

你在「練習5」打造出理想未來的原型，創造出循環外部的「拉力」，幫助你離開循環。本章接著要談

的「打破模式的路徑」（Pattern-Breaking Path, PBP），
將從循環內部提供你「推力」，同樣助你遠離循環。

你在「練習5」，想像你希望未來會發生什麼。現
在，你將計畫如何抵達那裡——實際上要怎麼做，好
讓想像中的未來成真。

什麼是「打破模式的路徑」（PBP）？

「打破模式的路徑」（PBP），是一組環環相扣但簡
單的行動步驟，協助你脫離衝突循環，前往想像中的
理想未來。

雖然如同名稱所示，你將能「打破模式」，但我
不是要你莽撞行事。你原本就已經面對棘手的情境，
匹夫之勇只會造成令人不樂見的後果。我希望你能用
心設計好一條離開衝突循環的道路。

**成功的路徑有三大特徵：1.）做和先前不同、出
乎意料的事；2.）簡單；3.）每個行動步驟循序漸進，
先是一，再來是二，然後才是三、四、五……。**

美國前總統歐巴馬（Barack Obama）在處理種族
爭議事件時，[1]示範了這三大特徵。

2009年7月，哈佛大學哈欽斯非洲人和非裔美國人
研究中心（Hutchins Center for African and African American
Research）主任小亨利·路易斯·蓋茨博士（Henry Louis
Gates, Jr.）從海外出差回家時，發現前門打不開。於是，
他從後門進去，請司機從外頭協助他打開前門。門打開

後，司機便離開，蓋茨博士也進到家裡。

　　幾分鐘後，由於鄰居懷疑有人闖空門，劍橋市警方接獲報案後，警佐詹姆斯・克勞利（James Crowley）到蓋茨博士家中查看。警佐克勞利要蓋茨博士站到屋外，兩人之間的對話導致蓋茨博士被銬上手銬，以妨害治安的罪名遭到逮捕。

　　事件發生後，蓋茨博士立刻指出由於自己是黑人，警方才假設他闖空門。警佐克勞利則是堅持，自己只是盡忠職守，要不是蓋茨博士出現目無法紀的行為，他不會逮捕他。幾天後，蓋茨博士的指控被撤銷，但他被捕的事引發了全美各地的種族焦慮。《紐約時報》指出，自從爆發那起事件後，出現了數千則種族相關的新聞報導。

　　火上加油的是，記者在不相關的新聞記者會上，問歐巴馬總統怎麼看這件事？歐巴馬回答，警方「做出愚蠢的行為」。雖然歐巴馬後來道歉自己用詞不當，他那句話已經造成傷害，被視為選邊站。許多美國人忿忿不平，等著看事情後續的發展。

　　如果要我評估此一情境的衝突模式，我會說這是「責怪他人／責怪他人」模式。公開的紀錄顯示，克勞利警佐與蓋茨教授之間的對話，陷入彼此責怪的循環，而事件公開後，更是進一步深陷「責怪他人／責怪他人」的迴圈。

做點出乎意料的事

　　歐巴馬總統那次被捲入有可能讓種族關係進一步惡化的情境時，他做出打破模式的舉動，沒做前人做過的事，例如成立種族歸納（racial profiling）*的專案小組。那麼做，將是疊床架屋，重複已經在做的努力。此外，要是什麼都不做，傷口則會發炎惡化。歐巴馬做了出乎意料的事：他邀請蓋茨博士與克勞利警佐，[2]一起和他在白宮草坪上喝啤酒。總統說，那是一起喝酒修補關係的機會。這項邀請能夠打破衝突模式的原因，在於出人意表，甚至是跌破所有人的眼鏡。

做點簡單的事

　　除了做點令人意想不到的事，另一項關鍵是：你的PBP包含的行動要簡單。行動愈簡單，就愈能追蹤你造成的影響，也更可能產生你要的結果。

　　想想歐巴馬總統可以採取的一切大動作：他可以邀請政治領袖到白宮討論美國的種族關係；也可以召開記者會，讓數百名記者向他瘋狂發問；他可以飛到麻州，與劍橋市警察局以及哈佛行政人員會面；也可以請內閣成員安排主題是種族關係的談話。然而，歐巴馬沒有選擇這樣的做法，而是做了一件相對簡單的事：請兩位當事人一起喝杯啤酒。

---

* 指機關在執法時，將種族特徵納為判斷的依據。

記者事後稱這場會面為「啤酒高峰會」（The Beer Summit），但歐巴馬重申，他希望讓事情簡單就好。他告訴《紐約時報》：「我聽說，這件事被稱為『啤酒高峰會』，名字取得很妙。不過各位，這不是一場高峰會，只是三個人在下班後喝一杯，有機會聽聽彼此講話。」

我們會在下一章繼續討論，如何避免事情沒照你的計畫走。目前先做到讓你的行動簡單就好，確保你最終能夠成功離開衝突循環。

每個行動環環相扣

歐巴馬的邀請很簡單，但值得注意的是，他設計的道路並未始於在白宮草坪上喝啤酒。事實上，當天他先是請兩位當事人與他們的家人，到白宮參加私人導覽。參觀完後，三人才一起坐在白宮草坪上的桌子旁，一邊喝啤酒吃蝴蝶餅，一邊聊天。

同樣地，歐巴馬的路徑也不是始於白宮導覽，而是事先邀請當事人與他們的家人，而提出邀請，八成又是始於歐巴馬思考自己期望中的未來，與他信任的顧問討論一番，擬定接下來要採取的一系列步驟。

此外，那條路徑還進一步延伸到未來。當天活動結束時，歐巴馬提到蓋茨與克勞利告訴他，兩人已經說好了，很快就會找時間一起去吃午餐。

那場聚會過後，蓋茨博士告訴記者，歐巴馬總統

「讓我們開始拉近彼此的距離，為美國社會帶來重大貢獻……我不認為除了歐巴馬，誰會想到要讓我們聚在一起……總統是個偉大的人——他非常有智慧，非常睿智。」

蓋茨博士談到自己與克勞利警佐的關係時，開玩笑地說：「我們一開始便一拍即合。他沒有要逮捕你的時候，這個人其實很討人喜歡。」

總而言之，歐巴馬的「打破模式的路徑」，由一套簡單、環環相扣、不同於以往的行動步驟組成。從相對小的事開始（思考現存的衝突模式與計畫；邀請兩位當事人和他一起喝酒），接著持續擴展，直到影響持續發酵（邀請當事人與家人一同參觀白宮；在戶外見面，讓記者報導）。完成這個步驟後，克勞利與蓋茨達成和解，打算私下再一起聚聚。

在歐巴馬的睿智安排下，這個爆炸性的議題原本會持續動搖國本，但此時突然停下闢出一條新徑，走向修復當事人之間的關係。美國大眾得知雙方會面的結果後，連帶修補了社會裂痕。

許多成功打破模式的路徑，和「啤酒高峰會」一樣，始於小小的步驟，逐漸醞釀出活動的高潮。此外，如同那次的高峰會，蓋茨博士與克勞利警佐承諾之後會共進午餐，許多活動事後會再進行較小型的非正式再強化，不過不一定要這麼做。

雖然你的PBP應該包含循序漸進的行動步驟，引

導自己和他人走向你想像中的理想未來，但你在安排路徑時，要挑哪條路都可以。本章稍後會再帶大家看安排路徑的具體方法，接下來先看我的學生卡蜜拉如何設計她的路徑。

設計步驟

請回想一下「練習5」卡蜜拉的故事。卡蜜拉的家族因為表弟文森去世而四分五裂，家族感到文森的遺孀譚美，不符合他們的家族價值觀。卡蜜拉想像出理想的未來後，替「打破模式的路徑」（PBP）設計出幾個步驟。每一個步驟都替下一個步驟奠定基礎。

卡蜜拉的PBP的第一步是：晨間的「暫停練習」。每天早上，她靜靜坐著，想像愛被四處傳送，先在她和每一位家族成員之間流動，接著是意見不合的家人，例如譚美與婆婆。此外，卡蜜拉提醒自己，她有能力協助改善家族氣氛，特別花時間仔細想像她希望創造的理想未來。

卡蜜拉的PBP的下一步是：在一對一的對話中，提議一起做飯。她分別向譚美、譚美的婆婆、自己的母親與其他兩位阿姨提起這件事，讓每個人知道她關心這個大家族，希望能夠做點事，鼓勵大家在這個傷心時刻拿出愛。卡蜜拉告訴每個人她的點子，問她們是否有任何意見，或是要補充的地方。

譚美與四位「婆婆媽媽」都接受邀請後，卡蜜拉

告訴家族裡的其他母親她的點子，替當天做好準備，買好必要的食材，接著在母親的廚房裡舉辦這次的活動。

　　卡蜜拉設計步驟時做了幾件事，好讓她的PBP能夠成功。首先，她設計出循序漸進的步驟，先從自己做起。她向家族的任何人提起之前，先利用晨間的「暫停練習」，想好自己理想中的未來。她先花時間在自己的心中，替家族的愛打好強大的基礎，釐清自己理想中的未來，才開始拉其他人加入。

　　第二步是在向家族宣布這件事之前，她先和譚美、自己的母親與幾位阿姨，分別討論一起煮飯的點子。萬一有人不喜歡這個點子，可以私下和卡蜜拉商量自己擔心的事。

　　第三步是卡蜜拉負起帶頭的責任，向家族裡的其他人溝通這件事，主辦這場活動。

　　最後，卡蜜拉沒抱不切實際的期待，她不期望大家一起吃頓飯後，就能帶走家族經歷的一切傷痛。她知道這條路很漫長，家族要能圓滿的話，一起煮飯不過是其中的一小步。

設計你的PBP步驟

　　接下來，想想要如何設計你的PBP步驟（可利用延伸工具）。雖然遵守現成的步驟順序能提供鷹架，但設計路徑的過程因人而異。請仔細思考你的情境中的特殊細節，量身打造你的路徑，效果將最為理想。

在你設計路徑時，要考慮你目前的衝突模式，思考如何真正擺脫你碰上的衝突循環，不要因為前面介紹過的步驟和原則，把自己強塞進現成框架中，導致無法成功脫離循環。

步驟1：從自己做起

先從自己開始，再往外、往下做，遵守這個順序通常很有幫助。你知道，**本書談的是如何讓你擺脫衝突，而獲得自由的最佳辦法，就是先引導內心的注意力。**

你在「步驟1」的行動有可能非常小，只有你自己注意到。舉例來說，你可能每天會開始做3分鐘的暫停練習。我有學生在碰上特別混亂與痛苦的情境時，自創不同版本的傳統慈愛冥想（loving-kindness meditation），讓自己的行動源自愛。他們靜坐幾分鐘，允許自己感到被愛，那份愛來自他們認為無條件愛著他們的人。接下來，想像自己把愛傳送給衝突地圖上的人，再把愛傳送給世界上的陌生人。最後，再度回到感覺接收到無條件愛自己的人所給予的愛。

你也可以利用「暫停」時間，好好想像一下你的理想未來，直到你準備好與其他人談論這個未來。或者，你也可以利用「暫停」時間，依據目前已經做好的功課，找出你認為可以協助你脫離衝突循環的事，並且下定決心去做。例如，每當感覺心中冒出激烈的情緒時，至少每天做一次深呼吸。

步驟2：先接觸一個人

「步驟2」是想想如何邀請衝突地圖上的一個人加入，這個人不一定是圖上最明顯的人選，有可能是你原本就信任的人，或是你覺得有可能幫你一把的人。

有時，你可以直接去找與你處於衝突模式的人，尤其是如果你已經做好目前為止的功課，釐清相關的價值觀，有辦法放下情緒，讓情緒成為你的助力。如果是這樣，最有用的方法，就是直接去找當事人。

你可以請對方喝咖啡（或啤酒！），聆聽他們的觀點，分享你的理想未來。你也可以打電話向某個人致歉，或是單純打聲招呼。別忘了，你採取的行動要簡單，而且打破模式。

步驟3：邀請一小群人加入

「步驟3」是思考是否要請衝突地圖上的更多人加入、又要如何邀請。如果你的情況適合共襄盛舉，或許你可以和地圖上的其他人親自見面，視訊或打電話也可以，邀請他們加入。你從他們那裡蒐集到新想法，拜託他們支持。舉例來說，我有客戶在這個步驟安排和某兩名部門主管見面，他和同事向來與那兩名主管水火不容；其他的例子是我有學生要求和人在中國的父親通電話，以及和人在紐約的阿姨聯絡；還有客戶則是和同事、中東的草根運動組織者，來了一場線上的視訊聊天。

步驟4：邀請更多人加入

合適的話，你在「步驟4」可能已經準備好集合一大群互看不順眼的人。舉例來說，我有客戶在這個步驟請自己的研究團隊成員，和向來不對盤的銷售部門同仁，大家聚在一起討論如何能以更有效的方式合作；也有學生替人在美國與中國的家人建立WhatsApp群組，保持聯絡，讓全家團結在一起；還有客戶在臉書上觸及數千名年輕人，藉由一項草根視覺藝術計畫，請大家支持中東和平。

步驟5與後續步驟：延伸先前的努力

「步驟5」與後續的步驟，有可能是一系列一對一的對話或團體體驗，目標是支持與延伸你在先前的步驟所做的努力。

以鮑伯與莎莉的例子來講，鮑伯在PBP的步驟1下定決心，要以具建設性的方式運用憤怒。他開始練習在回應之前，先停下來深吸一口氣，就算並未被觸怒也一樣。鮑伯認為，這樣一來，人們真的惹他生氣時，他比較不會口不擇言。鮑伯想像接到憤怒客戶的電話時，他沒摔電話，也沒立刻寫電子郵件痛罵要替錯誤負責的經理，而是停下來吸氣、吐氣，想出有建設性的回應，接著採取行動。

鮑伯在步驟2想像與莎莉見面，只談兩人的工作

關係，不談莎莉的獎酬制度。鮑伯發現兩人的關係與分紅是兩件事，他們必須先開門見山修補工作情誼，分紅的事才能真正談出結果。

鮑伯先向莎莉道歉自己害她措手不及，先前吃完午餐後，不該在路上對她大吼大叫。（其實，鮑伯覺得應該是莎莉要向他道歉才對，是她先在路上對他大小聲，但他決定不管莎莉會不會道歉，他要為自己的行為負責任。）

鮑伯尊重自己的「權威」這項陰影價值觀，要求莎莉以後不能再隨便對他大小聲。此外，鮑伯雖然沒有明說，但他尊重莎莉重視「財務穩定」這項陰影價值觀，告訴莎莉他明白她對於財務變動感到不安，願意進一步努力，讓她了解情況。

鮑伯假設「步驟2」順利進行，「步驟3」是請財務長協助他擬定公平的分紅辦法，寄給莎莉。鮑伯將在「步驟4」請莎莉二度會面，一起討論分紅的事。鮑伯想像用電子郵件，把內容明確的獎金提案寄給莎莉，讓莎莉可以事先整理想法。正式見面時，他將請莎莉提出意見。他不會當下就做出承諾，但會盡量仔細考慮莎莉的意見，再讓莎莉知道，他和財務長判斷可能做到哪些事。

這些步驟十分不同於鮑伯先前的行為。他擔心自己能否做到，但他興奮要嘗試不一樣的做法。

讓別人知道你想做什麼

如同卡蜜拉與鮑伯的例子，你可能需要他人協助，才有辦法做到某些事。當然，也可能你不需要其他人參與，光是決定自己要改變行為就夠了。例如，你決定以後商業夥伴提出要求時，你在回應之前，要先在心中數到三，以免自己做出之後後悔的回應。像這種事，你沒有必要告訴商業夥伴。

事實上，**無預警打破自己的舊習慣、令大家驚喜，其實是很有效的一種做法**。前文提過，**出乎意料能以好的方式令人印象深刻，連帶造成對方出現不同的反應**。

不過，**改變自身行為的難度很高，如果讓其他人知道你打算怎麼做，他們可以幫助你、支持你，提供反饋意見，你會知道何時進展順利、何時沒有達成目標**。

鮑伯打算兩人第一次好好坐下來談的時候，讓莎莉知道他希望維持身為執行長的威嚴，但也希望兩人能夠齊心協力，圓滿解決事情。他坦承，雖然他會努力在恰當時機拿出最好表現，但是他可能做得不完美，將同時需要莎莉的支持與諒解。

重點濃縮

* 第一部的練習協助你打破衝突模式，但你需要的是成功脫離衝突循環，而你想像的理想未來，再加上你「打破模式的路徑」（PBP），將提供離開循環的「拉力」與「推力」。

* 「打破模式的路徑」（PBP）是一套環環相扣、出乎意料的簡單行動步驟，可以協助你離開衝突循環，朝著想像中的理想未來前進。

* 別忘了，PBP的行動簡單就好。你的動作愈是簡單，就愈容易追蹤效果，也愈可能創造出你要的結果。

* PBP納入的行動，應該要循序漸進，一步一步帶著你和其他人，走向你想像的理想未來。雖然我的客戶和學生感覺某些特定步驟幫上他們的忙，你可以自行安排道路，自由選擇最合適你的路徑。

換你練習

設計「打破模式的路徑」（PBP）

設計出一套行動步驟，協助自己離開衝突循環。你的行動要保持簡單就好，還要出乎意料、帶來驚喜，做和以前不一樣的事。你可以問自己下列幾個問題：

* **步驟1**：我可以從哪些獨自就能做到的事情開始，或是做什麼樣的暫停練習？

* **步驟2**：如果有必要的話，我要邀請誰第一個加入？我能採取什麼樣的行動，既簡單又出乎意料、帶來驚喜？

* **步驟3**：萬一需要的話，我還要邀請誰一起來？

* **步驟4**：是否有我可以邀請加入的團體？有的話，是哪些團體？我如何能與他們搭上線？

* **步驟5與後續步驟**：我如何能夠繼續開闢出延伸路徑？

想要進一步了解「啤酒高峰會」的相關資訊，請見：
www.nytimes.com/2009/07/31/us/politics/31obama.html

下載練習頁，設計出專屬於你的
「打破模式的路徑」（PBP）：
jengoldmanwetzler.com/resource/pattern-breaking-path
（英文版）

✳

測試你的路徑

我們的智慧來自何方？……人類懂得規劃未來……
設想的力量帶來智慧。

　　——馬汀‧E‧P‧塞利格曼（Martin E. P. Seligman）
　　　　　　　　　　　與約翰‧堤爾尼（John Tierney）

預防是最佳良藥。

　　——莫頓‧多伊奇（Morton Deutsch），美國社會心理
　　　　　　　　　　　　　　　學家、衝突解決研究者

做實驗，多多益善。

　　——拉爾夫‧沃爾多‧愛默生（Ralph Waldo Emerson），
　　　　　　　　　　　　　　　美國思想家、文學家

踏上打破模式的路徑時，一般可能卡在兩種陷阱裡：一種是衝動行事，沒先想好自己採取的行動可能引發哪些意想不到的後果；另一種則是正好相反，過分焦慮真的去做會發生什麼事，忘記什麼都不

做同樣得付出代價。

《大衛營協議》（The Camp David Accords）是史上有名的國際外交成就之一。簽署協議的過程，正好說明我們可能掉進的陷阱：沒去想不採取行動的後果，以及美國前總統吉米・卡特（Jimmy Carter）如何扭轉乾坤。[1]

卡特1976年當選美國總統後，承諾要完成一項艱鉅的任務：促成以色列與埃及和平共處。自以色列建國以來，這兩個國家已經交戰三十年，雙方為了西奈半島的控制權與相關議題爭吵不休。以色列與埃及之間的戰鬥，以及牽涉範圍更廣的區域衝突，奪走了成千上萬人的性命。

卡特與埃及總統沙達特（Anwar Sadat）合作。沙達特先前已經向以色列總理比金（Menachem Begin）遞出橄欖枝，但未能成功。卡特接受妻子羅莎琳的建議，邀請以色列和埃及的領導者親自前來大衛營，私下會談。寧靜的大衛營，是美國總統休憩度假的場所，位於美國的馬里蘭州。

沙達特在開始談之前，已經認為有可能達成協議。比金則是懷疑，才幾天的時間能夠談出什麼結果。比金雖然接受邀請，卻極力防範任何可能喪權辱國的事，絕不對埃及退讓。

儘管比金不抱太大信心，但會談有個好的開始，不過經過幾天緊張的協商後，和談破局。沙達特與比金負氣離開會議，不願再見到彼此，感覺上兩個人可

能帶著比抵達大衛營之前更深的鴻溝離去。

　　卡特總統最後一次試圖幫忙，請幕僚洗了三份他和比金、沙達特一起微笑的照片，拍攝時間是那週稍早時和談似乎有望的時刻。卡特總統在照片上簽名，每一張分別寫上比金總理三個孫子的名字。

　　卡特總統敲了敲以色列總理比金的門，把照片交給他。比金當時正在收拾行李，準備打道回府。他看著第一張照片，然後看第二張，再看下一張。比金大聲唸出三個孫子的名字，眼淚流了下來。

　　比金看見寫著孫子名字的照片，想到自己將交給子孫的黑暗未來，不只是他自己的孫子，要是他無法確保和平，整個世代都要受苦。比金停止打包，重返談判桌。

　　卡特拿照片給比金的舉動雖然簡單，卻成功讓比金意識到無作為的後果，將遠高於達成協議帶來的任何可能結果。比金知道，相較於一生要生活在戰爭中的孩子所承受的苦難，自己當下的憤怒與沮喪不重要。後代要承受的痛苦，才是真正的風險所在。

　　那天稍晚的時候，比金做出以色列在西奈的關鍵讓步，兩位領袖達成《中東和平綱要》（Framework for Peace in the Middle East）這份歷史性的協議。1979年，兩國正式簽署和約，迎接三十年來的首度正式和平。

　　本章後面的段落，將提供「未能採取行動」與「衝動行事」兩種陷阱的練習，協助你避免不預期的負

面後果，到時候再回頭講這個故事。第一項練習會引導你設想自己採取的行動或不行動將引發的事，從而預測與避免任何你不樂見的結果。第二項練習則是利用我所謂的「迷你實驗」，進一步支撐你的「打破模式的路徑」（PBP），朝正確方向持續邁出一小步。

這兩項練習協助你先停下來想想，但想好了之後就不再遲疑，立刻出發。它們會一起測試你設計的PBP（可利用延伸工具），增進你對PBP的信心，幫助你長期待在正軌，一路抵達最佳結果。

哪些地方可能出錯？

「練習5」讓你把注意力從負面事項（過去哪裡不對），改放在正面事項（你希望未來發生什麼事）。從某個角度來講，你是在預測哪些事情會順利進行。

現在，要再度轉換注意力，改成思考未來可能出錯的地方。

你在人生中採取的每一個行動或沒做的事，全都會在有意無意間造成影響。情況棘手時，相關影響更是會放大。

前文提過，由於基本歸因謬誤，我們很容易認為其他人做錯事是因為性格有問題，但如果是我們自己做的事，則會解釋成情勢所逼。在衝突情境下，我們通常會過度把負面詮釋加在別人頭上，從最壞的角度去想對方，進而導致我們自己的行為即便完全沒有那

個意思，也很容易引發別人對我們的負面觀感。

　　在你採取行動前，務必要先想好可能無意間會引發哪些效應，努力避開或減少負面的影響。如果你跳過這個重要步驟，不論你在執行PBP時有多小心，依舊可能讓事情惡化。

　　前文提過，我們的心智傾向於把複雜的情勢，簡化成非黑即白或「我們vs.他們」，以協助大腦決定要戰或逃，身處衝突時尤其如此。當我們處於衝突的風暴時，注意力會縮減到此時此刻，不會去想到未來。就算真的還能夠分出一絲心力，想到自身行為將引發的後果，我們想到的也會是對現在這一刻的我造成的影響。

　　舉幾個常見的例子來說，我們一般會想到的是：

* 這個人對我大吼大叫，我要是走開就得救了，耳根子可以清靜些。〔我們想到的是自身的行為（走開），將對這一刻的自己產生什麼影響。〕

* 如果我按下「寄出」鍵，送出這封電子郵件，我會慶幸結束了，可以去做其他更重要的事了。〔我們想的是自身的行為（按下「寄出」鍵），將對現在的自己產生的影響。〕

* 如果我拒絕這項請求，就能夠早點下班去健身房。〔我們想的是自身的行為（拒絕這項請求），會對當下的自己產生的影響。〕

　　我們通常不會直接想到自己的行為對他人產生的

影響，當然也不大會想到自己的行為將對自己或別人造成的長期影響。

修正這類思考偏誤的方法，就是不要只想著自己做的事會對今天的自己產生的影響，也要考慮自己和他人將來會受到的影響。

蘇西・威爾許（Suzy Welch）先前長期擔任《哈佛商業評論》（*Harvard Business Review*）的總編輯，她在《10.10.10：改變你生命的決策工具》（*10-10-10: A Life-Transforming Idea*）一書中，[2] 挑戰我們思考從現在起的10分鐘、10個月與10年後，我們的行動將帶來的潛在影響。

我建議在做這項練習時，不僅要想到自身行為會影響到自己的地方，甚至不只要考慮相關人士明顯會受到的影響（例如：鮑伯會影響莎莉的地方），也要想想現在與未來將帶給其他人哪些不明顯的影響（以鮑伯來講，財務長與投資人會如何受到影響）。

剛才提到，卡特總統協助比金總理思考不採取行動、不替孫子爭取和平的影響——也就是未來世代將受到的衝擊。卡特成功引導比金的注意力，從原本的放在當下的自己，改成顧及孫子的未來。比金需要轉換視角，才願意重返談判桌，締結歷史性的協議。此外，值得注意的是，卡特總統動之以情的時候，不是費盡脣舌，而是拿出照片。照片開啟了比金的想像力，看來也打動了他的心。

回到鮑伯與莎莉的例子。假設故事回到兩人在街

角大吵的前一天，鮑伯知道提出調整獎金的事，莎莉不會開心。先前他一提，莎莉就吼他或結束對話。

鮑伯在這個練習中預想可能的狀況，他告訴自己：如果我明天在吃完午餐後，在街上隨口提起莎莉的獎金制度，當下的我受到的影響是「我會感覺鬆了一口氣，終於講出來了」。從現在起的10個月，對我的影響是「莎莉的獎酬制度會被重新調整」。從現在起的10年，我受到的影響是「我慶幸公司的財務狀況良好」。

可是莎莉呢？嗯……鮑伯想，如果我在午餐後提起，莎莉會不舒服。我沒先提示她，就突然拋出這件事，她會措手不及。從現在起的10個月，莎莉依舊會無法接受，還在氣我，完全不願意討論獎酬制度。從現在起的10年，我不確定她還在公司嗎？

好，鮑伯想，或許午餐後提起不是最好的做法，還能怎麼做？

同樣有幫助的做法是問自己：我的行為將如何間接影響到他人？例如，鮑伯可以想想：如果我在午餐結束後提起這件事，財務長會受到什麼影響？如果我因為讓莎莉措手不及，事情沒談成，她再度迴避這件事好幾個月，財務長也會不大開心。

就像西洋棋玩家思考棋局一樣，這個過程能夠協助你在採取行動之前，先想好後面的好幾步，幫助你獲得最佳結果，避免出錯。

事先預測可能出錯的地方

就算我們是好意，我們在設計PBP時，經常錯估自己的提議所造成的影響。我們有如劇場的導演，按照劇本規劃如何呈現自己的理想未來，結果演員不照劇本來，我們呆住。問題出在唯一會好好照劇本走的人，可能就只有我們自己。

為了避免這種事發生，請先想想你的PBP在未來將如何發展。如同卡特總統協助以色列的比金總理設想未來，不要只想到你的行動（或不採取行動）將如何影響今天的你，也要思考你做的事（或沒做的事）在現在與未來如何影響「練習2」中衝突地圖上的人。

舉例來說，如果鮑伯照著自己的PBP走，他可以預期莎莉可能會不照劇本演出：

* 我要求和莎莉見面，她會同意，但見面時她可能會不高興，再度對著我大吼大叫。

* 莎莉有可能怒氣未消，不願意和我討論分紅的事。

* 即便我們現在談妥新制度，從現在起的幾個月，莎莉依舊會不滿她的財務狀況，決定跳槽到對手那裡。

這樣的設想過程，也幫上我學生茉拉的忙。茉拉擔心哥哥麥可酒喝太多，但她試著提這件事的時候，哥哥的態度激烈，認為根本沒什麼好擔心的。茉拉的理想未來是哥哥會戒酒，她打破模式的路徑核心是介入。茉拉心想，如果多位家人都當面指出麥可有酗酒

問題，他就會清醒過來，明白自己的行為造成多大的傷害。

我要茉拉想一想，她的PBP有可能在哥哥那邊，引發什麼不照劇本的發展？茉拉一想，就知道自己的計畫有可能產生反效果。

除了麥可否認自己酗酒、不願意承認事實，另一個問題是茉拉想找來勸哥哥的家人，好幾個也愛好杯中物。一家人甚至為了喝酒的事，起過別的衝突。茉拉有一次試圖和家人討論該怎麼做，結果吵了起來，一家人不歡而散。每位家庭成員如何看待麥可的問題，很大程度要看他們本人喝不喝酒。

茉拉想起那次的事情後明白，就算有辦法找到夠多的家人介入這件事，哥哥大概會回嘴不要五十步笑百步，不肯討論這件事。茉拉很可能會徒勞無功，無法朝理想未來邁進。

茉拉找出不會如願的可能性：

* 我們如果向哥哥提起他酗酒的事，他有可能暴跳如雷，幾個月不跟我說話。

事先預防，做好準備

你預料到可能殺出的程咬金後，接下來要想辦法減輕傷害。方法有兩種：你可以事先預防，避免不想要的結果發生；你也可以未雨綢繆，先準備好要如何

應對。但就算已經盡量避免了，還是有可能發生不樂見的結果。

鮑伯替每一種不希望發生的結果，想好要如何防範未然。他也想好了萬一還是發生不樂見的事，自己可以先做好哪些準備。他的計畫如下：

* 我要求和莎莉見面，她會答應，但她有可能談到一半氣急敗壞，又開始對我大吼大叫。

    預防：這次，我會事先讓莎莉知道我將提出的薪酬規劃內容，讓她更有掌控感，比較不會談到一半就生氣。

    預防：我會在展開對話前，提前一、兩天寄電子郵件給莎莉，表示我希望兩個人談的時候都能夠好好思考，互相尊重。

    準備：萬一莎莉開始對我大吼大叫，我會深呼吸三次，提議休息一下，等雙方都冷靜下來再繼續談。

* 莎莉依舊有可能餘怒未消，無法和我討論獎酬規劃。

    預防：我提出要和莎莉談的時候，我會讓她知道，我知道她還在生氣，但我期待聽見她的想法。

    準備：萬一莎莉說，她還沒準備好和我談獎酬的事，我會告訴她，雖然我們的確需要在兩週內見面，財務長和公司投資人正在等答案，但她可以讓我知道哪一天的什麼時間、什麼地點對她來說最方便。

＊即便我們現在談好新方案，從現在起的幾個月，莎莉依舊有可能不滿意自己的財務狀況，決定跳槽到對手的公司。

　　預防：我會在莎莉的新方案中，加進與錢無關的好處，吸引她留下，提供我知道她很渴望的自主權。

　　準備：如果莎莉暗示她要離開公司，我會請她在做出最後決定前，我們先談一談這件事。

　　茉拉思考她想採取的行動可能引發的不良後果後，明白原本的PBP目標過大。她修改路徑，直到有信心不會引發反效果。

＊我們向哥哥挑明他的酗酒問題後，他有可能暴跳如雷，幾個月不跟我說話。

　　預防：把原本的請家人和麥可談他的酗酒問題，改成慢慢重新與哥哥建立關係。我會邀請他一起去看棒球賽，我們小時候經常一起看球賽。如果哥哥同意了，我就幫我們兩個人買票。

　　預防：我在和哥哥談他的酗酒問題前，先和嫂嫂談。我知道嫂嫂關心哥哥，而且我和嫂嫂的關係很好。

＊如果我帶哥哥去看棒球賽，他有可能會喝太多酒。我會擔心他，我們或許會吵起來。

　　預防：不要帶麥可去看棒球賽了，很多人看球賽會喝酒。改成問：要不要打高爾夫球？

準備：萬一我們聚會時，我發現哥哥醉了，有必要的話我會協助他，不會罵他。

茉拉修改後的PBP內容，包括和麥可培養感情與重建關係。她想像和哥哥來一場充滿愛的交心對談，她放棄原本的PBP，不再想著要全家來一場「突襲」，勸哥哥別再喝酒了。

茉拉先邀請麥可每週和她去打高爾夫球，重建先前變差的兄妹情。此外，茉拉和嫂嫂聊天，深入了解他們的家庭生活樣貌。她嫂嫂知道，如果要和麥可談喝酒的事，哪些事行得通、哪些事行不通。

某天晚上，打完一輪高爾夫球後，茉拉問麥可要不要在高爾夫球俱樂部共進晚餐？他同意了，兩個人進行了一場和平日不同的對談。相較於通常鬧哄哄的家族聚餐，寧靜的餐廳氣氛適合談心。茉拉問麥可最近過得如何，麥可談到工作碰上煩心事，三個年幼的孩子又需要他付出全部的心力，生活很難應付。茉拉一開始只是默默聆聽，接著才問可以如何幫忙？

麥可說，他也知道喝酒對家庭不好，但不認為有辦法阻止自己。茉拉再次只是默默聆聽，但是幾週後，兩人再度共進晚餐時，茉拉問哥哥想不想認識一位最近剛戒酒的朋友？哥哥同意後，茉拉把哥哥介紹給朋友。幾個月後，麥可加入戒酒無名會，家人感到不可思議，茉拉怎麼有辦法說服麥可？茉拉知道，只需要多付出一點耐心、愛和預先做好準備便能成功。

進行迷你實驗

我和研究所同學學到，在真實世界推廣我們的假設時，最好先在實驗室測試一下。在實驗室比較能夠控制變因，在現實世界事情一下子就會一團亂。

當你測試路徑時也是一樣。**任何你感到能夠安心出錯的地方，都是你的實驗室。更明確一點，所謂的「實驗室」，就是你選擇納入的人；理想上，那些人關心你，萬一實驗結果不如預期，他們會原諒你。**

實驗室提供的安全環境適合進行小型的實驗，不是龐大的實驗。

如同科學家會記錄實驗結果，你也應該留意你的實驗結果。結果是否如你所料？你學到哪些事？你的實驗結果，將如何影響你在真實世界中採取的行動？

舉例來說，如果你的PBP是向老闆說出逆耳的忠言，那就先向朋友說出刺耳的建議——萬一你的話沒出現想要的結果，朋友會原諒你。觀察你的實驗帶來的結果：朋友有什麼反應？你的話有沒有幫助？下次能夠如何改進？

進行迷你實驗可以學習兩件事：「練習」與「獲得立即的反饋」。如果你有充裕的時間練習，你可以嘗試新行為，鍛鍊一下你的「肌肉」，甚至培養出「肌肉記憶」，改變根深蒂固的習慣。此外，你也會了解自身行為造成的影響，也就是其他人如何看待你的

行為。你可以利用獲得的反饋調整做法，在最重要的時刻採取最恰當的做法。

我擔任過彼得的教練，他是一間製造公司的執行長。彼得得知執行團隊對他相當不滿，甚至有人打算辭職。360度意見回饋上的心聲一面倒：彼得不懂得聽人說話，做事頤指氣使，要是有人試著提醒或發問，他只會用更大的聲音下令。彼得拿到360度意見回饋後，心不甘情不願地承認，其實他這輩子都聽到同樣的評論，他從小就會在操場上指揮其他孩子做事。彼得解釋：「對，我的確不一定會聽進別人的話，但那是因為我知道不可能聽到什麼高見，足以令我改變想法！」我沒放過這個問題，問他：「或許是吧。但你自己說，繼續不聽身旁的人說話，你要付出什麼代價？」

彼得回答：「我可能失去執行團隊中的關鍵成員，很難立刻就找到取代他們的人。我的事業會受到影響。」

彼得打破模式的路徑包括學習聆聽，不過他和我都知道積習難改，他必須下定決心練習，才可能改變習慣。

彼得決定在家裡實驗，多聽另一半和孩子說話。一開始，他還是會忍不住打斷妻兒的話，但他努力在家中每個人說話時只聽不說，每天練習至少做到一次，漸漸地就比較能夠做到了。彼得在練習期間得知的每一個家人的事，超過十多年婚姻生活與父親生活

的總和。每個人頭一次感覺到彼得真的有在聽他們說話，他的家人因為這項練習而受惠（也因此願意無視這個實驗尷尬的部分）。逐漸地，彼得的直接部屬也受惠，他們終於感覺到老闆懂他們有多辛苦。

你也找個安全的實驗室試試看吧。回到鮑伯的例子，由於鮑伯很容易被激怒，他和莎莉的衝突因此雪上加霜。他希望嘗試在「感到憤怒」與「表達怒氣」之間，先停頓一下，所以他決定跑一系列的迷你實驗。每當他感覺工程師惹他生氣時，他會先暫停一下。

公司的工程師感覺是夠安全的實驗室；鮑伯和工程師很熟，偶爾會和他們聊天，開開玩笑。鮑伯知道，無論發生什麼事，工程師都會支持他。如果他的實驗成功了，工程師會很開心接到老闆咆哮電話的次數變少。

鮑伯的實驗起初很難執行，他會忘記自己在做實驗，出現膝跳反射反應，拿起電話就痛罵工程師。不過，他漸漸記住自己下定決心要實驗，接到客戶通報的壞消息後，他會深呼吸三次，克制自己拿起電話吼工程師。他會到公司附近走一圈，冷靜一下，直到感覺的確靜下心來，準備和必須負責當日客訴的部屬平靜交談。

鮑伯的實驗開始奏效了。工程師陸續給出正面反饋，他們似乎更高興見到鮑伯，比較不怕他了。鮑伯的迷你實驗結果顯示，他走對路了。這下子，他更有

自信最終與莎莉互動時，也能夠成功暫停。

好了，我們已經看完要如何測試你的路徑。本書的最後一章，將確保你能達成最佳結果。

重點濃縮

* 你採取（或沒採取）的任何行動，全都可能帶來預期中或出乎意料的效應。在棘手的情境下，那些效應會被放大。此外，由於基本歸因謬誤，你很容易認為別人是品格有問題才會那樣，把對方往最壞的地方想，而當對方也把你想成壞人時，你最無辜的舉動，也將留下最惡劣的印象。

* 請你一定要好好想一想，自己的作為／不作為有可能帶來哪些意想不到的影響，並且加以預防或減少傷害。如果不未雨綢繆，不論你執行 PBP 時有多小心，還是有可能弄巧成拙，讓事情惡化。

* 事先想好現在與未來，你的作為／不作為，有可能對你自己和他人造成哪些長短期的影響。

* 你可以用兩種方式減輕潛在的出錯後果：一開始就努力避免它們發生，或是準備好萬一還是發生了，你將如何應對。

* 想要創造期望中的結果，你可以一開始先在安全的環境，測試小型的打破模式行動，接著檢討成效，視情況靈活調整。

換你練習

測試你的路徑

* **事先想好**：你的 PBP 有可能如何不照劇本走？要如何防範未然，預先準備？

* **實驗**：你要進行哪些迷你實驗？誰將是你的實驗對象？

* **檢討**：觀察迷你實驗的結果。結果是否如你所願？你學到哪些事？賭注更大時，你的實驗結果將如何影響你採取的行動？

下載練習頁，事先評估，進行迷你實驗：
jengoldmanwetzler.com/resource/test-your-path
（英文版）

練習 8

✳

選出最佳結果

當夢想與現實背道而馳時,行動讓兩者合而為一。
——阿薩塔・夏庫爾(Assata Shakur),
美國黑人民權運動者

本書看到這裡,你或許迫不及待想要實踐你的「理想未來」與「打破模式的路徑」了,但如果你和大多數人一樣,很可能還有什麼事令你感到猶豫。嘗試你設想的PBP自然得改變行為,而改變通常令人感到不安,甚至是恐懼。鮑伯準備邀請和莎莉談談時,差點決定「還是算了吧!搞不好會愈談愈糟。」

你猶豫的可能和鮑伯心中的嘀咕如出一轍:「這和我之前做的很不一樣,太瘋狂了!萬一不成功呢?真的該這樣做嗎?」

如果你曉得自己為什麼猶豫,這一類的問題就會比較好回答。你知道源頭是什麼後,就會更清楚是否

要執行PBP，也會知道自己究竟該怎麼做。如果你想達成最佳結果，就得先解決所有讓你猶豫的路障源頭。

你可能在猶豫什麼

一般常見的四種猶豫原因，雖然每一種稍有不同，但效果是一樣的：讓你安全待在舒適圈。很不巧，待在舒適圈會造成你一直卡在衝突循環裡，你將無法達成最佳結果。

原因1：你的理想未來不具可行性，但你照樣幻想

我會認識羅珊，是因為她任職的全球性金融服務公司，請我輔導他們的資深團隊。我的任務是找出為什麼向四名資深副總裁報告的子團隊，彼此之間無法合作。這種問題的源頭通常出在高層，這間公司也不例外，幾位資深副總裁爭權奪利，扯彼此的後腿。雖然口口聲聲說希望解決問題，實際上做的事，卻是在背後講彼此的壞話，在討論為什麼團隊無法合作時，沒有說出實情。此外，雖然幾位資深副總裁不曾真正討論過，其中兩位分別在私底下告訴我，現任執行長將在五年內退休，他們都想當接班人。

四位資深副總裁中，最聰明也最富同情心的是羅珊。她在公司裡待了十八年，一路從基層做起，如今感到進退兩難。羅珊希望當上執行長。依據她的講

法，四人今天會搞成這樣，執行長有責任，因為他和其他三位資深副總裁（全是男性）去打高爾夫球的時間，遠多過待在設備齊全的辦公室。

我請羅珊描述她的理想未來時，她想像能和執行長與其他每一位資深副總裁，擁有誠實相待的深厚感情。羅珊設計出打破模式的路徑，以真誠的對話精神開誠布公，聊事業，聊彼此的關係，盡力與幾位資深副總裁及執行長合作。羅珊知道，唯有齊心協力，才可能達成股東對他們的期望。羅珊仔細想像這樣的新未來將如何開花結果。

然而，我問這個打破模式的路徑，與以往的努力有何不同？結果得知羅珊早已投注過大量的時間、精神與財務資源，針對不好明講的事和幾位資深副總裁與執行長談過。羅珊過去幾年在執行長的執行教練的協助下，推動過這方面的努力，但一無所獲。她這次的PBP完全沒有打破模式，換湯不換藥。

羅珊花了好幾年的時間才明白，不論她多努力和其他幾位資深副總裁與執行長交心，那是不可能的。幾位副總裁太不信任彼此，執行長又要離開公司了，不會去管這件事。過去每一次的失敗加在一起，只讓每個人對於僵局更感無望。

如果你和羅珊一樣，**試圖追求不可能發生的理想未來，情況不一定會因此惡化，但通常也不會有任何進展。一開始就注定卡在衝突裡。**

前文提過，成功引領人們嚮往未來的「我有一個夢」演講，和不具可行性的幻想之間，只有一線之隔。

有兩大原因造成我們很難區分究竟是願景，還是白日夢。第一個原因是如同羅珊的例子，如果你的性格相當願意與人合作，即便已經多次徒勞無功，你會相信你的理想未來依舊可能成真。

如果你的衝突習慣是「過分努力合作」，即便你在「練習7」事先設想過不會如你所願的結果，你提出的理想未來，依舊有可能沒納入你面對的現實情況。萬一你屬於這種類型，本章將協助你配合現實打造理想中的未來。

第二個原因較為複雜，如同羅珊的例子，你有可能為了保護自己的精神與情緒，下意識設計出不可能做到的理想未來。想像出自己在某種程度上其實已經知道永遠不會成真的理想未來，可以讓你心安——畢竟你「有努力要解決問題」——又能避開令人痛苦的真正改變。由於你下意識知道，那個理想未來只存在於想像，那個未來因此是安全的白日夢，永遠不會把你推出舒適圈。

原因2：離開的選項不具可行性，但你依舊幻想一走了之

第一種猶豫的源頭是幻想不可能實現的理想未來，第二種源頭則是幻想不可能的一走了之。

　　「離開的選項」泛指你想像脫離衝突的方法是遠離當事人，或是終止你們之間的關係。

　　我們會卡在衝突循環裡，有一個原因是離開的選項似乎很可怕，否則我們早就從衝突中脫身了，畢竟只要離開當事人，去做別的事就夠了！然而，以反覆出現的衝突而言，離開通常有太多的相關成本，選擇因此看來受限，很難逃離衝突。

　　鮑伯就屬於這種情況。他不認為有辦法靠開除莎莉，踏上「離開」這條路，因為要是這麼做，他和莎莉僅存的友誼也將恩斷義絕；此外，他將損失莎莉帶走的所有客戶關係與業務知識。鮑伯不願意付出這樣的代價，他甚至認為切割的代價高到不可能選。那是死胡同，讓他無法掙脫與莎莉的衝突。

　　諷刺的是，代價高昂或缺乏可行性，不代表我們就不會幻想某條路，例如即便不可行，鮑伯依舊想著要解雇莎莉。每當鮑伯緊張要走上打破模式的路徑，在腦中幻想踢走莎莉，可以在某種程度上減輕他的焦慮，不必把心思放在緊張要採取不同於以往的新行動。他也就不必去處理憤怒、沮喪和難過等種種情緒，那些情緒因為他陷入衝突而被強化。

　　如同鮑伯的例子，沉溺於幻想不可能做到的「離開」這條路，在當下會讓我們心情好一點。那是某種可以減輕痛苦的止痛藥，讓我們暫時忘掉真正改變自身行為、追求理想未來時，心中自然會升起的恐懼

感。此外，想像不可能辦到的離開，也能讓我們暫時擺脫困在衝突裡自然會感到的痛苦情緒，包括沮喪、憤怒、厭惡、罪惡感與哀傷。

問題是，沉醉於幻想，將造成我們不去真正改善自身的狀況，害自己（與他人）持續陷在衝突裡。

回想一下練習1塔拉的例子。塔拉因為究竟誰才能接任公司的營運長位置，和老闆哈維爾、同事亞希子起衝突。有一天塔拉告訴我，她正在考慮離開的選項，改為丹提工作，也就是他們公司最大的競爭對手的執行長。

塔拉向我透露這件事的時候，我問她有沒有向丹提確認過這個跳槽機會？她回答，在過去幾年，她已經數度和對方談過這件事，不過每一次她和丹提都因為種種原因，最後同意塔拉不適合跳槽到他們公司。

諷刺的是，塔拉已經試探過跳槽的可能性，也同意那不是合適的工作機會，但她依舊在告訴我丹提是個多棒的人，她知道要是兩人真的有機會一起工作，他們將合作無間。

塔拉靠著幻想可以離開，不必面對目前與哈維爾及亞希子的僵局所帶來的痛苦。然而，幻想無法讓塔拉或其他人掙脫衝突，反而使塔拉繼續卡住，因為她沒有採取任何行動來改善真實生活裡的情境，只是在心中做做白日夢而已。

幻想的隱形壞處是：我們很少意識到自己在做

白日夢，也沒注意到自己是如何因此停滯不前。一直要到我請塔拉進一步告訴我，到丹提公司上班的可能性，塔拉才發現那條路不可行。

我們很難承認離開其實是做不到的選項，因為我們知道承認之後，就必須面對現實，處理眼前的狀況。

原因3：離開似乎是不可能的選項，但實際上勝過你設想的理想未來

第三種猶豫的源頭是認定離開是不可能的，但實際上卻比追求你的理想未來還可行。

我問羅珊，如果她真的離開公司，她會怎麼做？羅珊告訴我，她偶爾會想去別間公司找高階工作，但沒有認真考慮過這條路，因為她感覺對自己、對家人來說，這條路的成本過高。

羅珊認為要離開的話，他們將得搬到新城市，但她不想支付隨之而來的所有成本，包括搬家費用、幫孩子轉學、交新朋友、找新醫生，更別提她得在新公司從頭追求升遷。

然而，羅珊對比「離開的成本」與「理想未來的成本」後，開始發現搬到其他城市的成本，似乎低於留在現在的公司。

雖然羅珊不想支付搬家帶來的一切成本，她看出持續無法改善現狀、徒勞無功所引發的沮喪感，遠比搬家成本糟。

　　你的離開選項的成本，是否其實比你最初設想的低、可行性滿高的，尤其是和理想未來相比後？

原因4：害怕改變，衝突反而成了舒適圈

　　前文提了三種猶豫的源頭，但我們會舉棋不定，最常見的原因其實是害怕改變行為、真正去追求理想的未來，很多時候甚至怕到動彈不得。

　　改變行為自然會引發不安，而我們想要避開那種不安感，沒有想到如果不往前進，照樣得活在不舒服的感覺裡。

　　持續處於衝突一般會引發沮喪感，令人真的很想用頭撞牆，第N次試著改善事情了，但根本就沒用。此外，衝突本身帶來的憤怒、恐懼、悲傷、厭惡感，永遠不會消失。

　　然而矛盾的是，衝突持續很長一段時間後，衝突帶來的不舒服感似乎成為「新常態」。雖然那些感覺持續發威，但我們已經麻木了。留在衝突裡，有時令人感到安心，即便實情正好相反。

　　下一節將協助你認真思考因為持續待在衝突裡，你所付出的代價，然後你可以選擇是否要繼續忍受看似舒適、但其實不然的現狀。

通盤考量的時間到了！選出最佳結果

　　請記住自己可能猶豫的原因，好好比較「理想未來」

vs.「留在衝突裡」vs.「離開的選項」的每一種可行性、成本與優點（可利用延伸工具）。評估完了以後，判斷哪個是你的最佳結果，也就是考量過其他人的現實狀況與你本人面對的情況後，你能想出的最皆大歡喜的結局。

依據我輔導過數以百計的客戶與學生的經驗，即使你沒有刻意坐下來好好考慮，其實你早就無意間在盤算了。

然而，只是下意識在盤算，就能縱容自己永遠不去想清楚，不去採取真正必要的行動。你不是深思熟慮後做出選擇，而是把時間花在幻想理想未來與離開的選項，但沒有真正想辦法踏上任何一條路，依舊待在原本的衝突裡，這是雙輸的局面。

想要釐清自己擁有哪些選項，可能得正視殘酷的事實，但那是找出最佳結果與脫離衝突循環的唯一辦法。

評估你的理想未來的可行性

問問自己，你想像中的理想未來是否可行，還是就只是白日夢？是否有任何人擋著那條路、刻意阻止你，或是不願意協助你成功？

羅珊多年卡在衝突後，評估理想未來的可行性，坦承自己的願望不切實際。她希望能與其他的資深副總裁與執行長，進行開誠布公的對話，但是不可能。他們已經嘗試了好幾年，一點用也沒有。嘗試不同做法的時間到了。

評估你的理想未來的成本與好處

如果你的理想未來具備可行性，你預估追求那項目標將付出哪些代價？

回到鮑伯與莎莉的例子。我們知道鮑伯預料如果追求理想未來，最大的成本是他將感到不舒服。鮑伯仔細想了想到底會有多難，包括要深呼吸，不對莎莉大吼大叫，以及多花力氣做準備，見面前先把自己提出的獎酬規劃內容寄給莎莉看。鮑伯想著記下想說的每一件事會有多不容易，包括一開始要先為自己的行為道歉，提到他了解財務變動會讓莎莉焦慮。鮑伯擔心，要是話沒說對，莎莉誤解他，情勢有可能惡化。

然而，追求理想未來的潛在好處很大，包括有了新的獎酬方案後，就可以不必再付莎莉那麼多錢，拿去投資公司其他不足的地方。其他好處還包括可以留住莎莉的專業能力、公司知識與客戶關係；兩人也能相互理解，重建信任與友誼。

評估繼續處於衝突的成本與好處

你因為留在衝突裡，已經付出多少代價？你願意繼續付出哪些代價？有任何好處嗎？

鮑伯預測，他和莎莉的友誼將每況愈下，還要日復一日付給莎莉過多的獎金，公司有別的地方需要用錢。

鮑伯已經體驗過和莎莉冷戰的代價，兩人平日必須一起規劃與解決問題，而不和莎莉講話就不可能辦

到，最後對公司和客戶來說都不好。此外，在走廊上碰到莎莉不打招呼也很尷尬。

鮑伯留在衝突裡的好處很小，雖然他也不得不承認，那帶來某種奇妙的安全感：如果不跟莎莉講話，就不會進一步激怒她，也不必嘗試新的互動方式。鮑伯可以繼續下去，留在衝突裡讓鮑伯在一定程度上鬆了一口氣，待在舒適圈裡。

除了評估離開的可行性，也要考慮離開的成本與好處

找出任何可能的離開選項，那些選項可行嗎？

如果可行，真的走那條路的話，要付出哪些代價？好處是什麼？

鮑伯想像開除莎莉。他知道自己可以開除莎莉，但他評估要是真的解雇她，將得付出巨大代價。鮑伯擔心，開除莎莉將毀了兩人的友誼，莎莉會帶走客戶，還帶走她的職務知識與專長。

開除莎莉的好處，包括可以找相對便宜的新人接替她的職務，也不必處理莎莉在金錢方面的愛恨情仇，還有再也不必忍受她的火爆性格。

比較成本與好處

在你評估過「離開的選項」、「理想未來」與「留在衝突裡」的成本與好處後，把三者放在一起比較。

鮑伯得出的整體評估如下列圖表所示。

如同鮑伯的例子，仔細考量後，「理想未來」有可能變成你的最佳結果——這個選項有可能成真，而且成本最低、好處最多。

鮑伯發現，自己猶豫不決的原因，不是理想未來／PBP代價高昂或不可能實現。此外，他的「離開的選項」不值得去做，成本高於理想未來。鮑伯會猶豫，主要的原因是害怕。他知道要追求理想未來的話，就得改變自己的行為，而人類天生害怕改變。

另一種可能則是：你的「離開的選項」要付出的

	理想未來：修補關係，提供新方案	留在衝突裡：什麼都不做	離開的選項：解雇莎莉
預估的成本	* 需要嘗試新行為 * 感到害怕——萬一我做不到怎麼辦？	* 關係惡化 * 繼續支付莎莉太多獎酬 * 對公司和客戶來說都不好 * 冷戰很尷尬	* 失去老友 * 流失客戶 * 失去公司／客戶知識 * 失去專業長才
預估的好處	* 不必再付那麼多錢 * 留住莎莉的長才與公司／客戶知識 * 有可能促進彼此的理解與信任	* 不必拓展領導能力，可以鬆一口氣，留在舒適圈 * 不會再度踩到莎莉的地雷	* 比較便宜的替代人選 * 再也不必處理莎莉的金錢議題與不聽話

圖表6　鮑伯的選項評估比較表

代價，低於理想未來。例如，羅珊列出她的評估後，發現離開的成本沒有想像中高。

　　列出來看以後，羅珊不得不承認現實：相較於她的理想未來與留在衝突裡，離開其實成本比較低，好處也更多。離開對羅珊來說顯然不是白日夢，那是她的最佳結果。然而，羅珊和鮑伯一樣，想到要改變就焦慮。

	理想未來： 合作	留在衝突裡： 什麼都不做	離開的選項： 找新工作
預估的成本	* 持續感到失望與沮喪 * 浪費時間與精力試著合作，效果不彰 * 無法齊心協力，持續蒙受財務損失 * 由於無法化解歧異，必須處理憤怒與幻滅的員工	* 由於無法合作，持續蒙受財務損失 * 沮喪與憤怒是家常便飯 * 由於無法化解歧異，必須處理憤怒與幻滅的員工	* 有搬家的成本，包括必須找到新房子與新醫師，自己和孩子也得重新交朋友 * 必須重新努力在公司往上爬
預估的好處	* 或許這次會不一樣，我們會找出合作的辦法	不需要改變；可以得過且過	* 可以學習新事物 * 帶來真正的影響 * 再次在工作中感受到興奮與喜悅

圖表7　羅珊的選項評估比較表

找出你的最佳結果

　　想要找出你的最佳結果，你需要評估「理想未來」、「留在衝突裡」與「離開的選項」的各種優劣與可行性。把所有選項的成本與優劣加以比較，成本最低、好處最大的那個，就是你的最佳結果。

　　這裡要提醒你的是，選擇追求最佳結果，不代表日後就不能探索其他選項。然而，如果你想要掙脫衝突，需要先挑一條路往前走。

　　如果你還是有疑慮，接下來這幾條建議可以幫助你判斷。

如果你的理想未來是成本最低的選項，那就是你的最佳結果

　　如果你的理想未來和鮑伯一樣，屬於成本最低、好處最大的選項，就選這條路，那是名副其實的最佳結果。

如果不可行的離開選項，導致你沒能專注於追求理想未來，那就放棄不可行的白日夢

　　請你正視任何不可行、違背現實的「離開的選項」。認清現實、不幻想並不容易，但不面對不行。緊抓著不可行的幻想不放，等於選擇繼續困在衝突循環裡，即使你可能沒有意識到自己在做什麼。

　　如果你已經評估過「離開的選項」不可行，繼續一意孤行最後只會讓你沮喪，感覺好像有望、但實則無望，退回到陷在衝突循環的原點。我見過太多聰明的好人這麼做，不希望你步入後塵。

　　如同橋水基金創辦人達利歐在《原則》（*Principles: Life and Work*）寫下的忠告：[1]

> 你一定要接受事實，好好處理。不要落入常見的陷阱，例如希望現實不是那樣，或是你的現實會不一樣。你要接受你的現實，有效處理……。
>
> 　　事實——講得更明確一點，確切了解事實——是任何好結果的根基。

　　結論是：你要面對難以接受的事實，放棄不可行的離開的選項，踏上另一條更可行的路，真正獲得自由。

　　雖然很難，塔拉承認，離開現在的公司、跳槽到丹提那裡是不可能的。她一旦認清了這件事，就開始清楚老闆哈維爾那邊該如何處理，因為這是她首度沒有後路，背水一戰。

　　哈維爾做出不適當的行為時，塔拉開始明確表示。每當哈維爾開始咆哮時，塔拉會停下來，讓眾人的注意力回到哈維爾身上。塔拉知道，這是哈維爾的情緒問題，不是她的。當哈維爾亂發脾氣時，塔拉不再悄然離開，甚至在情況難以解決時，請亞希子在精神上支持她。哈維爾一旦意識到在兩人既有的衝突模式中，自己是什麼樣子，但塔拉不再是他想怎樣就會

照做，他的行為開始改變。雖然他不是一夕之間完全改變，但是確實慢慢在改。

你要和塔拉一樣，先承認不可行的「離開的選項」實際上提供的是什麼——你心中的安全避風港，帶給你慰藉，減少衝突帶來的痛苦。**你要提醒自己，雖然做著白日夢，幻想行不通的選項，可以讓你在衝突之中寬慰一點，但你只會因此沒能努力創造出更可行的理想未來——你的最佳結果。**理想未來才可能讓你永久離開衝突循環，所以放手吧，不要再抓著不可能實現的白日夢。

如果離開的成本低於理想未來，離開是你的最佳結果

如果你和羅珊一樣，離開其實不是夢，那麼離開就是你的最佳結果。離開能夠讓你從衝突中解放出來，為你帶來意想不到的驚喜。羅珊得知離開是她的最佳結果後，她選擇了那條路，找到新工作。新公司的組織文化符合羅珊的需求，羅珊需要真誠的溝通。羅珊訝異做出選擇後，她的身體瞬間放鬆了，緊繃了好幾個月的脖子突然好多了。她已經好多年沒有感覺全身那麼輕盈。再之後的事，等一下再告訴大家。

如果你能設法降低任何選項的成本，那就再重新評估一次

羅珊開始認真找新工作後，好奇能否在原本的城市找到新工作？如果可以的話，就能把換工作的搬家成本降到幾乎是零。

重新設計你的PBP，反映出修正過後的最佳結果

如果你修改了任一選項，你將連帶需要修正你的PBP。舉例來說，羅珊因為修正了理想未來，也得順便重新設計PBP。她不再按照原本的PBP，努力促成資深副總裁團隊之間的對話。她修正過後的PBP，如今包括「和獵頭聊聊」，探索跳槽的機會。

拿出勇氣

如果你已經找出你的最佳結果，但還在猶豫，請你記住：感到不安完全正常。事實上，如果想到要採取打破模式的行動，你絲毫不緊張，那才是不對勁。我們人類天生光是在心中想著要打破過去的模式，就會坐立不安。

請一定要提醒自己，不論你怎麼做，不管是前進或留在原地，你都會感到一定程度的不安。也因此，問題不在於要不要讓自己難受，而是你選擇要為了什麼而感覺不適。你想要因為採取打破模式的新行為而

不安？還是想要因為繼續卡住而痛苦？

處理不安感的最佳方式，就是鍛鍊你的「勇氣肌肉」。

尼可是我見過最勇敢的知錯能改的例子。尼可是一間軟體即服務（SaaS）公司的共同創辦人與技術長，年輕有為，魅力十足。那間公司是典型的新創公司，幾個二十多歲的好友聚在一起，靠鍵盤從零打下江山。不過幾年時間，公司的員工就成長至200人，業務橫跨三國，還首度設置人才長一職，協助公司進行C輪募資。

令尼可十分訝異的是，人才長最擔憂的是尼可本人。首先，好幾名員工提到尼可會開黃色笑話，令人感到不舒服。（當時Uber剛被揭露領導文化充滿性別歧視，Uber的市場估值遭受重創。人們開始更加嚴肅看待職場上的性別問題；尼可剛上任的人才長的確該擔憂這方面的事。）此外，尼可的公司同仁感覺他通常表現得像是小公司的共同創辦人，而不是一間成長中的大公司的技術長。每當有人不認同尼可說的話，他就會憤怒地要大家聽他的就對了！這種行為除了令部屬感到沮喪，也等於是剝奪了他們的職權。人才長找我輔導尼可時搖了搖頭：「我不知道他是否適合擔任這種大小的公司的技術長，但妳盡力而為吧。」

我覺得尼可人還不錯，他說他一點都不知道自己的幽默冒犯到同事，這點我相信。「我和朋友一起成立這間公司，他們很了解我，知道我什麼時候是在開

玩笑。」尼可告訴我：「但是，我們現在人變成這麼多，這是我的疏忽，我沒有考慮到這點。」

公司同仁還指出，尼可以技術長的身分頤指氣使，這點尼可就比較難接受了，立刻變成刺蝟。「我非常關心這間公司，所以有人做蠢事的時候，我當然會生氣。」尼可說：「此外，我們的公司文化是每個人都可以說出心聲，包括我在內。」我們詳談他可以如何以更有建設性的方式溝通，公司才能從幾個臭皮匠草創的公司，一躍成為強大的成長引擎。

我蒐集360度意見回饋，提出我給尼可的建議，請他遵守我們一起看過的行動方案。尼可很快就在我面前來了一場正式簡報，列出他將立刻執行的三大改變。整體的大方向是學習體諒他人，用一句話來講就是：「你遇到的每個人，都在打一場你一無所知的仗。」尼可的計畫包括：學著分開他身為技術長的身分，以及身為共同創辦人的身分；拿出主管的大將風範；給同仁與直接部屬反饋時，採取更具建設性的方式。尼可帶我看完他的簡報，我看出他做了有勇氣的選擇，聽見大家的心聲時，不再忙著替自己辯解，準備好採取改善領導風格的行動。

三個月後，我坐在人才長的辦公室，人才長和我碰拳。他說：「幹得好。尼可完全變了一個人。」我和尼可談的時候，他告訴我，想到要改變自身行為令人感到不安，甚至恐懼，但是他撐了過去。尼可提醒

自己,他為公司投入了那麼多心血,公司要能變得更成功的話,他一定要改變。

不只是做出改變的彆扭感很難克服,恐懼改變也是一大挑戰。然而,由於人類天生會恐懼,試圖不怕是不可能的。**處理害怕改變的最佳方法,就是鼓起勇氣。**誠如前南非總統曼德拉(Nelson Mandela)所言:「我學到勇氣不是不會恐懼,而是戰勝恐懼。勇敢的人不是不會感到害怕,但他們能夠克服恐懼。」

我們也可以從科學的角度理解勇氣與恐懼的關係。生物學所講的「片利共生」(commensalism)是指有機體A,大幅受益於與有機體B的關係,不過那個關係讓有機體B不受益也不受害。

勇氣與恐懼,同樣是片利共生的關係:勇氣需要恐懼才能增長。當你克服恐懼時,你的勇氣將開花結果。面對勇氣時,你的恐懼會消退,但本身不會減少,永遠都在,不像勇氣需要恐懼才會增長。以尼可來說,他恐懼的是自己做不好會連累公司。

你可能需要和你的恐懼對話,就像我去新罕布夏州登山一樣,感謝恐懼照顧你,請恐懼讓你放手去做。

找出你猶豫的源頭,對著恐懼說話,採取有建設性的行動,你就能夠雖然還是感到不安,但可以安然度過。

品嚐最佳結果的甜美果實

最後，羅珊全家搬到美國西岸的新城市。起初如她所料，過渡期很不容易：家中的每一位成員，包括最小的5歲孩子，到最大的16歲孩子，全都得努力適應新環境。其中一個孩子交不到新朋友，另一個則無法繼續從事先前在美東練習的運動，但幾個月後，羅珊和孩子們都順利找到自己的路。

羅珊的日常工作體驗，讓一切的辛苦都是值得的：她熱愛新團隊，同仁定期誠實討論工作關係與業務；她和新公司一拍即合。此外，羅珊的國際經驗，讓她成為同儕中亮眼的明星，有望在執行長退休後接班。

塔拉鼓起勇氣，放棄營運長的位置讓給亞希子，並和哈維爾講好替她設置量身打造的新職位：運用她的核心長才，擔任設計長。

至於鮑伯，他鼓起勇氣，不再與莎莉冷戰，問她是否願意見面詳談？莎莉同意，不久後兩人便面對面坐下。雙方都有點緊張，但也充滿期待。鮑伯開頭先是表示，希望討論兩人那天在街角發生的事，然後很快再找一天談薪酬的事。

莎莉點頭同意。

鮑伯深呼吸，告訴莎莉他明白那天在街上，他讓她措手不及。那是一個敏感的話題，他卻沒讓她有機會做好心理準備。鮑伯說，自己不想當那樣的朋友或

領導者，他會努力在未來做得更好。鮑伯告訴莎莉，過去幾個月他想了很多，也學到很多。

鮑伯告訴莎莉，他希望平衡自己的渴望與需求，既要合作，也要以公司執行長的身分下明確的決定。鮑伯坦承，自己還在學著區分何時該合作，何時該拿出決斷力行使權責。

鮑伯講完之後，停下來看著莎莉的眼睛，問她：「妳願意幫我嗎？妳知道的，讓我知道我什麼時候做對了，什麼時候搞砸了？」

莎莉太訝異鮑伯會這樣拜託她，過了幾秒鐘才回應。她臉上浮現大大的笑容，告訴鮑伯：「那是當然！」他們討論了幾分鐘，接著鮑伯把對話導回手上的議題。

鮑伯告訴莎莉，他知道她關切財務上的事，他希望多了解一點她的顧慮。鮑伯說，他也想聽聽莎莉是否有別的心聲，接著就停下來等莎莉回應。兩人尷尬地沉默了幾分鐘，直到莎莉鼓起勇氣說出來。

莎莉說，鮑伯顯然深思熟慮過，她感謝他那麼做。莎莉坦承她關心自己的財務會產生的變化，她已經習慣能夠賺到一定數量的錢，她的生活建立在假設那樣的收入會一直持續下去。她的生活品質突然遭受剝奪，老實講她覺得不公平。

莎莉也說，她氣鮑伯沒事先告知要談這件事，選擇在吃完午餐後，在回公司的路上隨口拋出這件事。

莎莉還提到，她不明白為什麼鮑伯不曾與她分享公司的整體財務狀況。她不了解任何前因後果，不曉得發生了什麼事，只聽到：「莎莉，我們需要砍妳的薪水！」她自然很難明白為什麼該同意這個從天而降的減薪。

莎莉說完後換她等，兩人再度出現尷尬的鴉雀無聲。

鮑伯打破沉默，告訴莎莉他願意解釋公司的財務狀況，他還以為莎莉對這一塊不感興趣，因為她全部的心力似乎都放在銷售工作與建立客戶關係。兩人講好要約一個時間，討論公司的財務。鮑伯會告訴莎莉公司哪些地方表現良好，也會告訴她公司哪些部分表現不佳，需要財務支援。鮑伯說，他會提前寄財務概況給她，她可以在兩人見面之前先看過。莎莉似乎感激鮑伯的提議。

接下來，鮑伯提出勇氣問莎莉，是否願意在再次開會時，討論一下她的獎酬方案？鮑伯壓抑想逃走的衝動，終於把話說出口，他擔心談這件事，又會導致兩人再次大吵起來。不過，鮑伯先提到，這次會提前幾天寄方案給莎莉看，莎莉可以在見面前先了解情況。

莎莉同意了。鮑伯負責安排兩個人接下來的會面時間，先討論公司的整體財務狀況，再討論鮑伯提議的獎酬方案。

每一場會議都順利進行。雖然鮑伯提出把莎莉的獎金上限砍一成，但是也給她工作上更大的自主權。

現在莎莉明白整體情況與減薪的原因，也感覺獲得應有的尊重。至於新方案將如何執行與何時生效，莎莉提出一些問題，不過也同意是合理的方案。

鮑伯感到自豪也很訝異，整個會談過程或多或少和想像中一樣。鮑伯知道，要重建與莎莉的友誼和信任，還有很長的路要走，但他知道打破模式的路徑自然會出現那個部分。鮑伯明白，他必須和過去幾週一樣，繼續深思熟慮，拿出勇氣，才有辦法不再陷入衝突。他以前會懷疑自己做不做得到，現在確認自己有辦法。

由於鮑伯能夠鼓起勇氣，幾個月後，他和團隊欣喜得知經過幾輪出價後，他們成功把公司賣給業界最大、口碑最好的公司。

最佳結果具備感染力

完成本書的練習，你將能擺脫衝突。

你將不再生氣另一半又把髒碗盤留在水槽裡，而是深吸一口氣，選擇改以不同於以往的方式回應。

你不再每次都躲著對你發怒的人，而是開始問是什麼原因讓他們那麼不高興。

當對方一律拒絕時，你不再一次又一次提出方案，而是以更快的速度注意到跡象，省下每個人的時間與力氣。你知道何時該停下。

還有，每當有人批評你，你不再全部當成是自己

的錯，默默感到羞愧。你能以更快的速度振作精神，意識到大概不完全是你的問題。

你需要提出不少勇氣才能做到這些事。請你鼓起勇氣嘗試。你有可能失敗，那就整理好心情，再試一遍。你會發現，打破模式的路徑不一定一蹴可幾，但努力就會有收穫。

採取打破模式的路徑，可以讓你離開衝突循環。神奇的是：一旦你獲得自由，打破衝突模式，其他人自然也能獲得解脫。如同曼德拉所言：「自由不僅僅是掙脫鎖鏈，而是以尊重與促進他人自由的方式過生活。」[2]

你採取的行動，將是一種具感染力的領導行為：你本人成功掙脫衝突時，也連帶協助他人獲得自由。

重點濃縮

* 猶豫有四種源頭，雖然每一種稍有不同，效果是一樣的：讓你安全待在舒適圈。然而，待在舒適圈裡，會使你陷在衝突循環，無法達成最佳結果。

* 第一種猶豫的源頭是：幻想不可能成真的理想未來。如果你的理想未來沒有考量現實狀況或其他人的需求，就不會成功。你注定困在衝突裡。

* 第二種猶豫的源頭是：不論成本多高或多不可行，你依舊幻想著「離開的選項」。這個選項泛指遠離情境中的人，或是終止與他們的關係。

* 幻想離開是一種止痛藥，讓你不必面對改變行為會引發的恐懼，暫時忘掉身陷衝突所引發的痛苦情緒。然而，待在幻想的國度，會導致你不去真正改善自身的情境，因此永遠與他人困在衝突裡。

* 第三種猶豫的源頭是：離開的可行性其實比想像中高，尤其是和理想未來相比。你有可能白費力氣試著讓理想未來成真，無視於離開才是更可行的選項。

* 第四種猶豫的源頭最常見：想到如果踏上打破模式的路徑，就得改變自身的行為，從而感到害怕。你為了逃避這種不安感，忘了考量如果不採取行動，同樣會處於水深火熱中。

* 衝突如果持續了很長一段時間，衝突帶來的痛苦感受會像是「新常態」，你比較不會再特別注意到。

留在衝突裡因此有時令人感覺相對舒適，即便那完全不是實情。

* 找出最佳結果的方法是：評估「理想未來」、「留在衝突裡」與「離開的選項」，釐清各自的優劣與可行性，比較成本與各種好處。成本最低、好處最大的可行選項，就是你的最佳結果。

* 努力不再害怕改變是不切實際的事，因為懼怕改變是人類的天性。處理這類恐懼的最佳辦法，就是鼓起勇氣。克服恐懼議題後，你提出的勇氣將帶來甜美的果實。

* 採取打破模式的路徑，達成最佳結果，就能離開衝突循環。你重獲自由後，不僅衝突模式會被打破，其他人也自然獲得自由。

* 你採取的行動，是具感染力的領導行為：你掙脫衝突時，也能連帶協助他人獲得自由。

換你練習

選出最佳結果

* **找出任何令你猶豫的地方**：如果你猶豫了，源頭是什麼？

* **想一想你的選項**：你的「理想未來」、「留在衝突裡」與任何「離開的選項」，各自的可行性、成本、好處是什麼？

* **找出你的最佳結果**：在所有可行的選項中（「理想未來」、「留在衝突裡」與所有「離開的選項」），哪一個對你來說好處最大、成本最低？那個選項就是你的最佳結果。設計出打破模式的路徑，努力達成最佳結果。

* **拿出勇氣**：你要拿出勇氣採取哪些行動，踏上打破模式的路徑，達成最佳結果？

* **學習**：如果前述的步驟幫助你離開衝突循環，恭喜！如果沒有，停下來重新設計與測試另一條路徑，直到不再困在衝突循環裡。

下載選項評估比較表的範本：

jengoldmanwetzler.com/resource/the-reckoning-template

（英文版）

如何達成最佳結果

第一部	**了解衝突循環**
練習1	留意你的衝突習慣與模式
第二部	**打破衝突模式**
練習2	深入弄清楚：畫出衝突
練習3	讓情緒成為你的助力
練習4	尊重「理想價值觀」與「陰影價值觀」 ——你的與別人的
第三部	**讓自己跳脫循環**
練習5	想像理想中的未來
練習6	設計「打破模式的路徑」（PBP）
練習7	測試你的路徑
練習8	選出最佳結果

附錄1

✳

價值觀清單

這份價值觀清單改編自史都華・D・佛里曼（Stewart D. Friedman）的《完全領導力》（*Total Leadership: Be a Better Leader, Have a Richer Life*），以及羅伯特・J・李（Robert J. Lee）和莎拉・N・金恩（Sara N. King）的《挖掘你內在的領導者》（*Discovering the Leader in You: A Guide to Realizing Your Personal Leadership Potential*）。我依據學生與客戶提供的反饋意見，多年間增補修改，盡量適用於最多元的人群。這份清單絕不完整，你可以視需求加上自身的價值觀。感興趣的讀者也可以上網下載列印「價值觀清單」（Values Inventory）：jengoldmanwetzler.com/resource/values-inventory（英文版）。

價值觀清單

☐ **成就（Achievement）**：感覺達成、有成就感或精通

☐ **晉升（Advancement）**：因工作表現良好而獲得成長、資歷、升遷

☐ **冒險（Adventure）**：具備挑戰性的新機會、刺激、風險

☐ **美學（Aesthetics）**：體會事物、點子與環境之美

☐ **合群（Affiliation）**：與他人互動，被視為團體的一分子；歸屬感

☐ **富裕（Affluence）**：高收入、財務成功、興旺

☐ **權威（Authority）**：得以控制事件與他人活動的地位與職權

☐ **自主權（Autonomy）**：有能力獨立行動，少有受限；自立自強

☐ **挑戰（Challenge）**：持續面對繁複的任務與問題

☐ **改變與變化（Change and variation）**：非例行公事；無法預測

☐ **合作（Collaboration）**：與一群人有著相互配合的緊密工作關係

□ **社群**（Community）：輔助與支持超越個人欲望的目標

□ **能力**（Competency）：展現出高度熟練與知識

□ **競爭**（Competition）：相互對抗，把獲勝當作目標

□ **勇氣**（Courage）：面對恐懼時採取行動

□ **創意**（Creativity）：發現、開發或設計新點子、新事物；展現想像力

□ **好奇心**（Curiosity）：渴望學習或了解新事物

□ **多元觀點**（Diverse perspectives）：開啟新道路或帶來新機會的點子或意見

□ **責任感**（Duty）：尊重權威、規則與規定

□ **經濟安全**（Economic security）：穩定與安全的工作、足夠的報酬、低風險、負擔得起基本需求的能力

□ **享受**（Enjoyment）：樂趣、喜悅與歡笑

□ **家庭**（Family）：與伴侶、孩子、父母、親人共處時光

□ **友誼**（Friendship）：與他人有親密的人際關係

□ **健康**（Health）：身心健全，活力十足

□ **助人**（Helping others）：協助他人達成目標；提供照顧與支持

□ **幽默**（Humor）：能夠笑自己、笑看人生

☐ **影響力**（Influence）：足以影響他人的態度或意見

☐ **內在和諧**（Inner harmony）：幸福、滿足感，與自己和平共處

☐ **正義**（Justice）：公平、做對的事

☐ **知識**（Knowledge）：追求理解、技能與專業才能；持續學習

☐ **地點**（Location）：選擇有助於達成理想生活風格的居住地點

☐ **愛**（Love）：深情溫柔的關係；親密

☐ **忠誠**（Loyalty）：忠貞；把自己奉獻給個人、傳統或組織

☐ **秩序**（Order）：穩定、常態、可預測，明確的從屬關係

☐ **個人發展**（Personal development）：致力於發揮全部的潛能

☐ **體適能**（Physical fitness）：透過體能活動與營養維持健康

☐ **認可**（Recognition）：由於工作表現良好，獲得正面反饋與眾人的信任；尊敬與欣賞

☐ **責任**（Responsibility）：可靠、替結果負起責任

☐ **安全**（Safety）：身心或情緒上的自由，不受傷害或不遭遇危險

□ **自重**（Self-respect）：自豪、自尊、感到認識自己

□ **心靈**（Spirituality）：強烈的精神或宗教信念、符合道德

□ **地位**（Status）：由於職業或隸屬於知名團體或組織而受到敬重

□ **值得信任**（Trustworthiness）：人們認為可靠、誠懇

□ **智慧**（Wisdom）：基於知識、經驗與理解的明智判斷力

如何在團隊與組織中
應用相關練習

過去二十多年，我輔導組織裡的領導者與團隊，包括《財富》500強企業（Fortune 500）、成長中的新創公司、大學、國際非營利組織與政府機構，協助他們達成最佳結果。我是組織心理學家，我知道有可能也有必要同時在多種層面上合作，包括與個人、團隊以及整個組織合作，打破原本的衝突模式，達成個人、團隊與組織的最佳結果。我替本書額外寫下簡短的彩蛋章節，解釋如何利用相關練習，為你的團隊與組織創造出最佳結果。

感興趣的讀者可以到這裡下載內容：
jengoldmanwetzler.com/resource/optimal-outcomes-for-teams
（英文版）。

謝辭

在眾人的呵護指導與支持下，本書才得以問世。文字表達不了我有多感謝我的父母瓊安與漢克‧高曼（Joan and Hank Goldman）。他們教導我只要下定決心，什麼都做得到。此外，我要感謝已經離開人世的祖父母海倫與漢斯‧高曼（Helen and Hans Goldman）與外祖父母芙羅倫斯與班哲明‧沙查特（Florence and Benjamin Schachat），他們勤奮工作，用愛協助我實現夢想。我也要向過世的舅舅羅伯特‧沙查特（Robert Schachat）致敬，他讓我知道組織心理學家是全世界最棒的工作。

我感激在展開職業生涯時，在哈佛法學院的談判學程學到的一切。羅傑‧費雪（Roger Fisher）、布魯斯‧派頓（Bruce Patton）、道格拉斯‧史東（Douglas Stone）、席拉‧西恩（Sheila Heen）、丹‧夏皮洛（Dan Shapiro）、約翰‧理查森（John Richardson）、艾莉卡‧愛瑞兒‧福克絲（Erica Ariel Fox）、鮑伯‧波登（Bob Bordone）等幾位世界級的大師給了我太大的協

助，他們訓練我，給我建議。

　　我要感謝衝突解決之父莫頓・多伊奇（Morton Deutsch）博士，他不僅是傑出的研究者與理論家，也是關心學生的良師益友。我要感謝我的研究所導師彼得・T・科曼（Peter T. Coleman）博士，他持續提供讓我得以順利度過生活與工作的基本原則。要是沒有莫頓與彼得提供的榜樣、支持、協助與指導，我不可能完成這本書。

　　我要感謝哥倫比亞大學師範學院（Teachers College, Columbia University）社會組織心理學的全體教職員，他們多年提供我太美好的家。

　　感謝喬爾・布洛克納（Joel Brockner）博士在對街的哥倫比亞商學院高階管理教育（Columbia Business School Executive Education），提供另一個我能稱為家的地方，他分享了我不曾有幸師從的導師傑佛遜・Z・魯賓（Jeffrey Z. Rubin）博士的故事。謝謝希奈亞・奈森遜（Sinaia Nathanson）博士，她1996年在塔夫茲大學開設的課程開啟了我的職涯。感謝安東尼・萬尼斯－聖約翰（Anthony Wanis-St. John）博士建議我去找莫頓老師。

　　感謝美國國土安全部社會與行為科學組（Social and Behavioral Sciences Division）的創始人員，尤其是約書華・西奈（Joshua Sinai）博士與艾麗森・G・史密斯（Allison G. Smith）博士。此外，也要感謝馬里

蘭大學恐怖主義研究與反應國家中心（National Center for the Study of Terrorism and Responses to Terrorism, NC-START）的艾里・克魯葛蘭斯基（Arie Kruglanski）博士、蓋瑞・艾克曼（Gary Ackerman）博士與凱特・伊薩克（Kate Izsak）博士。他們贊助與支持最後集結於本書的原創研究。

感謝「人類尊嚴與恥辱研究」（Human Dignity and Humiliation Studies）的創始人艾芙琳・林奈（Evelin Lindner）博士。她的情緒與衝突研究啟發了我。

謝謝哥倫比亞大學莫頓・多伊奇合作與衝突解決國際中心（Morton Deutsch International Center for Cooperation and Conflict Resolution）的教職員。我要謝謝科曼博士與貝絲・費雪－吉田（Beth Fisher-Yoshida）博士最初給我機會教授最佳結果；克勞蒂亞・柯罕（Claudia Cohen）博士與丹妮爾・庫恩（Danielle Coon）協助我延伸課程；感謝茉莉・克拉克（Molly Clark）與金・阮（Kim Nguyen）支援課程與學生；謝謝長期擔任助教與教練的瑞貝卡・托芬隆・詹姆士（Rebecca Toffolon James）；也感謝我們傑出的教練團隊，包括凱倫・克蘭姆（Kailen Krame）、佩維斯・泰勒三世（Pervis Taylor III）、史考特・韓南（Scott Hannon）、安妮－路・聖阿芒（Annie-Lou St-Amant）、蜜雪兒・麥克高文（Michelle McGowan）、羅倫・沙德特（Lauren Schadt）、安娜・佩芮（Ana Perea）、約翰・桑切茲

（John Sanchez）和艾斯特‧亞薩爾（Esther Azar）。

感謝數百位來自全球各地與各種專業領域的哥倫比亞大學學生。他們在過去十多年間分享自己的故事，勇敢說出脆弱時刻，顯露內在的智慧。他們的例子讓我看到從衝突中解放出來的真實意涵。在此特別感謝羅伯特‧路易斯－查爾斯（Robert Louis-Charles）、綺柔‧布齊（Cheryl Bucci）、亞吉妮‧巴魯加（Yajini Baluja）和連‧溫特斯（Leigh Winters）。

謝謝傑佛瑞‧沃克（Jeffrey Walker）介紹我帝納巴度‧沙利（Dinabandhu Sarley），也感謝帝納巴度與「1440多元學」（1440 Multiversity）給我機會，替非營利主管開設最佳結果工作坊。謝謝伊登‧亞伯拉罕（Eden Abrahams）、喬‧伊非德（Jo Ilfeld）與喬‧舒施特（Jon Shuster）的真知灼見與優秀輔導，也感謝學員全心投入體驗。

謝謝我在校準策略集團（Alignment Strategies Group）的同事、夥伴與客戶，他們協助我測試最佳結果法，尤其要感謝黛娜‧比斯基‧亞瑟（Dana Bilsky Asher）博士、溫蒂‧K‧史密斯（Wendy K. Smith）博士、安娜‧佩芮、艾倫‧韋瑟（Allan Weiser），以及所有匿名的人士。

感謝莎拉‧西納威（Sarah Hinawi）、蘇珊‧里昂（Susan Leon）、派蒂‧張‧安克（Patty Chang Anker）和肯‧安克（Ken Anker）提供早期的建議與靈感。謝

謝我的經紀人麗莎‧迪夢娜（Lisa DiMona）在過程中的每一個階段，永遠堅定不移地支持我。也謝謝她介紹我的編輯史蒂芬妮‧希區考克（Stephanie Hitchcock）與出版人何莉絲‧辛波（Hollis Heimbouch）。麗莎、史蒂芬妮與何莉絲以專業引導我走過出版流程，帶來一場令人享受的冒險！謝謝哈潑商業（HarperBusiness）的團隊，包括優秀的萊斯莉‧柯翰（Leslie Cohen）、潘妮‧馬可拉斯（Penny Makras）與漢娜‧隆恩（Hannah Long）。

謝謝莎拉‧葛瑞絲（Sara Grace）與艾蜜莉‧盧斯（Emily Loose）專業的編輯。謝謝美術編輯塔拉‧卡哈特（Tamra Carhart）在前言與地圖章節的美麗插圖。

謝謝各位親友在忙碌的工作與家庭行程表中挪出時間，提供寶貴意見給本書的草稿，有時是多次抽空。在此感謝史東與西恩、亞當‧貝谷（Adam Burgoon）、史蒂夫‧富澤西（Steve Fuzesi）、溫蒂‧史密斯、愛詩特‧凱德勒爾（Esther Kinderlerer）、安娜‧列維－里昂斯（Ana Levy-Lyons）、黛娜‧比斯基‧亞瑟、南茜‧畢爾（Nancy Beer）、羅伊‧伊登斯坦（Roy Edelstein）、莎拉‧伯克連（Sarah Birkeland）、艾瑞克‧哈傑（Erik Hajer）、伊登‧亞伯拉罕（Eden Abrahams）、約書華‧西奈、凱倫‧克蘭姆、艾蜜莉‧史普查（Emily Spuza）。也要感謝我先生傑夫‧威茲勒（Jeff Wetzler）與我的父母瓊安與漢克‧

高曼全程提出實用建議。

感謝大家多年來的建議與支持。我深深感謝黛安娜·史密斯（Diana Smith）與布魯斯·派頓、艾莉卡·愛瑞兒·福克絲，以及莫比斯管理領導能力（Mobius Executive Leadership）的所有人員、蓋兒·亞古力（Gal Yaguri）、蘇珊·多明尼斯（Susan Dominus）、拉比蘇珊納·萊斯（Shoshana Leis）與班·紐曼（Ben Newman）、麥克斯與伊芙·寇圖夫（Max and Eve Koltuv）、瑞秋·歐蜜拉（Rachael O'Meara）、梅蘭妮·霍普斯（Melanie Hoopes）。

感謝芝加哥大學的「關鍵智慧獎助金」（Defining Wisdom Grant）提供慷慨的協助，帶來本書最初的種子。謝謝艾利姬·尼可拉蒂斯（Aliki Nicolaides）、瑞娃·坎多維茲（Riva Kantowitz）、蘇珊·艾倫·南（Susan Allen Nan）。

感謝眾人長期的支持與愛護，謝謝派特與約翰·威茲勒（Pat and John Wetzler）、大衛與蘇珊·高曼（David and Suzanne Goldman）、愛麗兒與喬·李希特（Arielle and Jon Richter）、蘿倫·威茲勒（Lauren Wetzler）與史蒂夫·富澤西、拉菲·簡尼（Rafe Jenney）、安·漢堡（Anne Hamburger）、莫瑞·迪帕斯（Maureen DePass）、艾力克斯·羅培茲（Alex Lopez）、波士頓協會（Boston Chevra）與河谷女子社（Riverdale Girls）。

謝謝所有聆聽TEDx演講、笑出聲、感動落淚與

提供反饋的每一個人，包括金伯莉・馬可斯（Kimberly Marcus）、麗莎・迪夢娜、卡珊卓・史維特（Cassandra Sweet）、亞當・貝谷、海蒂・弗利茲（Heidi Frieze）、法蘭克・法蘭達（Frank Faranda）、莎拉・傑克森（Sarah Jackson）、萊拉・威茲曼（Lara Weitzman）、莎拉・羅森蓋納（Sarah Rosengaertner）、麗莎・考夫曼（Risa Kaufman）、艾美・史坦（Amy Stern）、派蒂・戈史提克（Patty Goldstick）、蓋兒・亞古力、黛娜・比斯基・亞瑟、珍妮佛・米特曼（Jennifer Mittleman）、貝絲・柏修斯（Beth Pocius），以及雀兒喜公園TED（TEDxChelseaPark）的籌辦人與講者。

感謝羅曼姆（Romemu）、Lab/Shul與史提伯（Shtiebel）提供庇蔭的空間，給了本書的點子根與翅膀，有時是在最寂靜的時刻。

感謝我這些年來的教練，他們協助這項計畫開花結果。他們是馬西・馬克・基農・葛芬科（Marcie Mac Kinnon Gorfinkle）、艾瑞克・哈傑、吉姆・費夫（Jim Fyfe）、蘇・坎貝爾（Sue Campbell）、凱西・克勞屈（Kelsey Crouch）和希薩・布拉佛（Cesar Bravo）。

感謝艾蜜莉・史普查多年來的大力支持與友誼。

謝謝妳，我的朋友與導師艾莉卡・愛瑞兒・福克絲。妳從一開始就替這趟旅程帶來啟發。

我要感謝我先生傑夫。謝謝你的愛，感謝這麼多年來，你是我和這個家的支柱。沒有你，我無法走

到今天。也要謝謝我們的孩子雅各（Jacob）與伊登（Eden），你們是好孩子。謝謝伊登設計了本書的第一版封面，感謝雅各一次又一次拯救了我的電腦與印表機。也感謝你們兩個人年紀這麼小，就真心關心進度，問：「媽，書寫得怎麼樣了？」謝謝你們在每一個階段都替我加油打氣。

最後，要感謝神降臨所有人心中，也要感謝各位讀者參與這段旅程。願你們的道路受到祝福，祝你們都有最佳結果。

注釋

前言　8項練習，化解衝突

1. Roger Fisher, Bruce Patton, and William Ury, *Getting to Yes: Negotiating Agreement Without Giving In* (New York: Penguin Books, 2011).

2. Douglas Stone, Bruce Patton, and Sheila Heen, *Difficult Conversations: How to Discuss What Matters Most* (New York: Portfolio Penguin, 2011).

3. Evelin Gerda Lindner, "Healing the Cycles of Humiliation: How to Attend to the Emotional Aspects of 'Unsolvable' Conflicts and the Use of 'Humiliation Entrepreneurship,'" *Peace and Conflict: Journal of Peace Psychology* 8, no. 2 (June 2002): 125–38.

4. Sylvia Ann Hewlett, Melinda Marshall, and Laura Sherbin, "How Diversity Can Drive Innovation," *Harvard Business Review*, December 2013, https://hbr.org/2013/12/how-diversity-can-drive-innovation

5. Vivian Hunt, Dennis Layton, and Sara Prince, "Diversity Matters," McKinsey & Company, February 2, 2015, https://www.mckinsey.com/business-functions/organization/our-insights/why-diversity-matters

6. Joseph Campbell, *The Hero with a Thousand Faces*, 3rd ed. (Novato, CA: New World Library, 2008).

7. Morton Deutsch, *The Resolution of Conflict: Constructive and Destructive Processes* (New Haven, CT: Yale University Press, 1973).

8. Jon Kabat-Zinn, *Wherever You Go, There You Are: Mindfulness Meditation in Everyday Life* (New York: Hachette Books, 2014).

9. Rachael O'Meara, *Pause: Harnessing the Life-Changing Power of Giving Yourself a Break* (New York: TarcherPerigee, 2017).

練習1　留意你的衝突習慣與模式

1. Jennifer Goldman, *Emotions in Long-Term Conflict: The Differential Effects of Collective-Versus Personal-Level Humiliating Experiences* (n.p.: LAP Lambert Academic Publishing, 2014).

2. Giada Di Stefano, Francesca Gino, Gary P. Pisano, and Bradley R. Staats, "Making Experience Count: The Role of Reflection in Individual Learning," Harvard Business School Working Paper 14–093, June 14, 2016, https://www.hbs.edu/faculty/Publication%20Files/14-093_defe8327-eeb6-40c3-aafe-26194181cfd2.pdf

3. Charles Duhigg, *The Power of Habit: Why We Do What We Do in Life and Business* (New York: Random House Trade Paperbacks, 2014).

4. Bas Verplanken and Wendy Wood, "Interventions to Break

and Create Consumer Habits," *Journal of Public Policy & Marketing* 25, no. 1 (Spring 2006): 90–103, https://pdfs. semanticscholar.org/6371/64b5f2d792d8c13d6f8309c89be-a002226e0.pdf

David T. Neal, Wendy Wood, and Jeffrey M. Quinn, "Habits—A Repeat Performance," *Current Directions in Psychological Science* 15, no. 4 (2006): 198–202, https://dornsife.usc. edu/assets/sites/545/docs/Wendy_Wood_Research_Articles/ Habits/Neal.Wood.Quinn.2006_Habits_a_repeat_performance.pdf

5. Ray Dalio, *Principles: Life and Work* (New York: Simon & Schuster, 2017).

練習2　深入弄清楚：畫出衝突

1. Peter Coleman, *The Five Percent: Finding Solutions to Seemingly Impossible Conflicts* (New York: Public Affairs, 2011).

練習3　讓情緒成為你的助力

1. Dacher Keltner and Paul Ekman, "The Science of 'Inside Out,'" *New York Times*, July 3, 2015, https://www.nytimes. com/2015/07/05/opinion/sunday/the-science-of-inside-out. html

2. Paul Ekman and Wallace V. Friesen, "Constants Across Cultures in the Face and Emotion," *Journal of Personality and Social Psychology* 17, no. 2 (1971): 124–29, http://www. communicationcache.com/uploads/1/0/8/8/10887248/con-

stants_across_cultures_in_the_face_and_emotion.pdf

3. Paul Ekman, "What Scientists Who Study Emotion Agree About," *Perspectives on Psychological Science* 11, no. 1 (2016): 31–34, https://www.paulekman.com/wp-content/up-loads/2013/07/What-Scientists-Who-Study-Emotion-Agree-About.pdf

4. 有關於五感與五感包含的狀態,感興趣的讀者可以參考艾克曼博士的「情緒地圖」(Atlas of Emotions)網站。達賴喇嘛也贊同博士的說法,那是我見過最優秀的情緒介紹:atlasofemotions.org。

5. Daniel Goleman, *Emotional Intelligence: A Practical Guide to Making Friends with Your Emotions and Raising Your EQ* (New York: Bantam Books, 2006).

6. Thich Nhat Hanh, *Being Peace* (Berkeley, CA: Parallax Press, 1996).

7. 若要進一步了解《腦筋急轉彎》影片中的情緒個性,請見:Joseph C. Lin, "Meet the Emotions of Pixar's Inside Out," *Time*, June 19, 2015, http://time.com/3924847/pix-ar-disney-inside-out-emotions/

練習4　尊重「理想價值觀」與「陰影價值觀」——你的與別人的

1. 你也可以使用線上版的價值觀清單,請見:jengoldman-wetzler.com/resource/values-inventory(英文版)。

2. 世代動力學中心(Center for Generational Kinetics)表示:「千禧世代已經成為最龐大的美國勞動力世代。」探討

世代差異的資訊請見：https://genhq.com/faq-info-about-generations/。

3. C. M. Steele, "The Psychology of Self-Affirmation: Sustaining the Integrity of the Self," in *Advances in Experimental Social Psychology*, vol. 21, ed. L. Berkowitz (San Diego, CA: Academic Press, 1988), 261–302.

4. 嚴格區分的話，鷹架協助工人修理結構，布幔可以避免碎片砸到行人，請見：Keith Loria, "Keeping the Sky from Falling: Construction Sheds, Exterior Scaffolds and Pedestrian Safety," The Cooperator New York, March 2014, https://cooperator.com/article/keeping-the-sky-from-falling/full。在衝突情境中，你的對話鷹架協助你修補關係，保護你免於傷害。

練習5　想像理想中的未來

1. Daniel Kahneman, *Thinking, Fast and Slow* (New York: Farrar, Straus and Giroux, 2011).

2. John Paul Lederach, *The Moral Imagination: The Art and Soul of Building Peace* (Oxford, UK: Oxford University Press, 2005), 108.

3. 觀看金恩博士的演講，了解他如何利用五感與情緒，協助我們想像他的理想未來。此外，這場演講也能提醒我們，我們已經走了多遠，但要抵達金恩博士描述的理想未來，還有很長的路要走。完整影片與逐字稿，請見：Jessica Kwong, "Martin Luther King Jr.'s 'I Have a Dream' Speech: Full Text and Video," *Newsweek*, April 4, 2018, https://www.newsweek.com/mlk-jr-assassination-anniversary-

i-have-dream-speech-full-text-video-870680。

練習6　設計「打破模式的路徑」（PBP）

1. Helene Cooper and Abby Goodnough, "Over Beers, No Apologies, but Plans to Have Lunch," *New York Times*, July 30, 2009, https://www.nytimes.com/2009/07/31/us/politics/31obama.html

2. 聰明的讀者會想到當時的副總統喬‧拜登（Joe Biden），後來也受邀加入大家。進一步的「啤酒高峰會」資訊，出處同上注。

練習7　測試你的路徑

1. 這裡的故事取自講述卡特總統一生的精彩紀錄片《吉米‧卡特：來自草原的人》（*Man from Plains*），當中有大衛營的原始畫面，由前第一夫人羅莎琳‧卡特（Rosalynn Carter）擔任旁白。

2. Suzy Welch, *10–10-10: A Life-Transforming Idea* (New York: Scribner, 2009).

練習8　選出最佳結果

1. Ray Dalio, *Principles: Life and Work* (New York: Simon & Schuster, 2017).

2. Nelson Mandela, *Long Walk to Freedom* (Boston: Little, Brown and Company, 1995).

延伸練習工具

英文版
延伸練習工具

也可上網下載
延伸練習工具

練習 2

畫出你的衝突地圖

練習4

價值觀圖

	理想價值觀	陰影價值觀
我		
他人		

練習 4

價值觀圖

	理想價值觀	陰影價值觀
我		

練習4

多人的價值觀圖

	理想價值觀	陰影價值觀
我		

練習4

多人的價值觀圖

	理想價值觀	陰影價值觀

練習4

辨識他人行為背後的陰影價值觀

你如何詮釋對方的行為	背後可能的陰影價值觀

練習4

縮小你的理想價值觀與行為之間的落差

我的理想價值觀	我的行為與價值觀之間的落差（大小：無、S、M、L）	減少落差的行動

練習 5

想像你的理想未來

練習6
設計你的 PBP

步驟1：從自己做起

步驟2：先接觸一個人

步驟3：邀請一小群人加入

步驟4：邀請更多人加入

步驟5與後續步驟：延伸先前的努力

練習7

測試你的路徑

	現在	短／中期	長期
我			
衝突對象			
其他人			

思考：1.）不想要的結果 2.）如何事先預防？ 3.）如果發生不想要的結果，準備好如何應對？（參考第180~182頁）

練習 8

通盤考量，選出最佳結果！

	理想未來：	留在衝突裡：	離開的選項：
預估的成本			
預估的好處			

（參考第196~205頁）

練習8

修改你的選項，找出最佳結果

如果你能設法降低任何選項的成本，那就再重新評估一次

	理想未來：	留在衝突裡：	離開的選項：
預估的成本			
預估的好處			

☐ 我的最佳結果是：

Star 星出版 財經商管 Biz 024

最佳結果
哥倫比亞大學人氣專題研討課程
8項練習洞察心理，掌握溝通技巧、化解衝突

Optimal Outcomes:
Free Yourself from Conflict at Work, at Home, and in Life

作者 —— 珍妮佛‧高曼－威茲勒 博士
　　　　Jennifer Goldman-Wetzler, PhD
譯者 —— 許恬寧

總編輯 —— 邱慧菁
特約編輯 —— 吳依亭
校對 —— 李蓓蓓
內頁排版 —— 立全電腦印前排版有限公司

出版 —— 星出版／遠足文化事業股份有限公司
發行 —— 遠足文化事業股份有限公司（讀書共和國出版集團）
　　　　231 新北市新店區民權路 108 之 4 號 8 樓
　　　　電話：886-2-2218-1417
　　　　傳真：886-2-8667-1065
　　　　email: service@bookrep.com.tw
　　　　郵撥帳號：19504465 遠足文化事業股份有限公司
　　　　客服專線 0800221029
法律顧問 —— 華洋法律事務所 蘇文生律師
製版廠 —— 中原造像股份有限公司
印刷廠 —— 中原造像股份有限公司
裝訂廠 —— 中原造像股份有限公司
登記證 —— 局版台業字第 2517 號

出版日期 —— 2023 年 11 月 29 日第一版第一次印行
定價 —— 新台幣 420 元
書號 —— 2BBZ0024
ISBN —— 978-626-97659-3-5

星出版讀者服務信箱 —— starpublishing@bookrep.com.tw
讀書共和國網路書店 —— www.bookrep.com.tw
讀書共和國客服信箱 —— service@bookrep.com.tw
歡迎團體訂購，另有優惠，請洽業務部：886-2-22181417 ext. 1132 或 1520

國家圖書館出版品預行編目（CIP）資料

最佳結果：哥倫比亞大學人氣專題研討課程，8項練習洞察心理，
掌握溝通技巧、化解衝突／珍妮佛．高曼－威茲勒 博士
Jennifer Goldman-Wetzler, PhD 著；許恬寧 譯 . -- 第一版 --
新北市：星出版，遠足文化事業股份有限公司發行，2023.11
256 面；15x21 公分 . --（財經商管；Biz 024）.
譯自：Optimal Outcomes: Free Yourself from Conflict at Work, at
Home, and in Life

ISBN 978-626-97659-3-5（平裝）

1.CST：衝突管理 2.CST：人際衝突 3.CST：人際關係

541.62　　　　　　　　　　　　　　　　　　　　112018809

新觀點
新思維
新眼界